Jackie Robinson

and the American Dilemma

杰基·罗宾逊

美国困境

[美]约翰·R. M. 威尔逊/著
张艳玲 钱亚楠/译

上海社会科学院出版社
SHANGHAI ACADEMY OF SOCIAL SCIENCES PRESS
上海市美国问题研究所
SHANGHAI INSTITUTE OF AMERICAN STUDIES

Jackie Robinson

目　录

编者前言

1947年4月15日,28岁的杰基·罗宾逊以布鲁克林道奇队先发第一垒手的身份踏上埃比茨球场,成为职业棒球大联盟的第一位非裔美国球员。同年年底他就赢得了年度新人王称号,道奇队也夺下国联冠军锦标。很快,杰基·罗宾逊就成了体坛的领军人物之一。

杰基·罗宾逊的故事是一部个人奋斗史:从青涩的运动天才转变为技术精湛的棒球巨星;在竞争残酷、黑人遭排斥的环境中胜出;应对队员、反对者、球迷以及媒体由于他的肤色而对他的嘲弄。在克服这些障碍的过程中,罗宾逊也不由得改变了影响着美国种族关系的制度、习俗和态度。历史罕见地将如此重担施于一个人的身上。

在罗宾逊的奋斗史中,还包含有无数其他人的故事:寻求改善种族关系的棒球,同时提升他们球队获胜的机会和发财的棒球队董事；被罗宾逊的胜利所激励为他欢呼，大胆地对他们所遭遇的偏见发起攻击的黑人；为他的天赋和刚毅喝彩，开始重新思考种族问题的白人球迷；不得不解释并随即改变长久以来从未受到过挑战的政策的政治家和公民领袖。在讲述这些故事时，这本书也在叙述美国所面临的根本困境的历史：一个将民主奉为神圣的国家何以否定其相当一部分人民的基本权利？

几十年来，非裔美国领袖已经用强有力的措辞掷地有声地讲出这一困境。但言语仍只是言语。一个勇敢的滑垒，一个二人出局的本垒打反击投快球的左手球员，一个反扑挡下迅猛的平飞球——罗宾逊通过这样的动作改变了美国人对种族的看法。

以费城人队的总经理本·查普曼的故事为例；他不停地用卑劣的带有种族侮辱的称谓嘲讽黑人新秀。当罗宾逊被禁止和其他道奇队员一同待在费城酒店时，费城人队的老板们对排斥罗宾逊引起的种族反响感到紧张，于是安排了一个让查普曼和罗宾逊合影的机会。当罗宾逊摆好拍照姿势后，查普曼拒绝握罗宾逊的手。但之后他将身体倾向罗宾逊，压低嗓音说道：

“杰基，要知道，你是个优秀的棒球手，但对我来说，你仍是个黑鬼。”这类故事几乎出现在本书的每一页上，揭示了罗宾逊的经历；也揭示了很多白人的思想斗争。面临如此杰出的黑人棒球手，查普曼还能抱定这一种族低人一等的傲慢偏见多久？

也许不足以说罗宾逊的胜利为瑟古德·马歇尔、罗莎·帕克斯、马丁·路德·金、20世纪五六十年代的民权运动以及此后各界黑人人士所取得的进步铺好了道路。但是，当我在2008年写下这些话时，我在想如果60多年前，一位年轻的黑人没能踏上埃比茨球场，巴拉克·奥巴马有可能当选总统吗？

约翰·威尔逊意识到罗宾逊的一生将揭示一个国家的历程，他熟练地汇编了若干个故事，写成了一部扣人心弦的传记。身为南加州先锋大学的历史学系教授，威尔逊涉猎广泛，已经撰写过体育史、政治史、航空史以及史学方法论等相关作品。

马克·C.卡恩斯

哥伦比亚大学巴纳德学院

安·惠特尼·奥林历史学教授

作者前言

由于这本传记是基于二手资料写成，我没有依照惯例感谢档案管理员和图书管理员的慷慨相助。我使用的资料已在本书末尾的“资料来源”部分加以说明。

我的确收到很多人的反馈，在此深表感谢。凯莉·利德利、安娜斯塔西娅·蒙特隆戈以及2008年春季修习棒球史课程的同学读了全书或部分章节，给予了我有用的建议。艾德·雷基、格雷格·奥尔森以及我的妻子玛丽提出了全面、深刻的批评意见。本系列图书的编辑马克·卡恩斯、我的编辑——培生朗文出版社的罗布·德乔治给予了我珍贵的建议和鼓励，使得本书的手稿更为成熟。我要特别感谢马克·卡恩斯的邀请，使我心甘情愿写作此书。最后，朗文出版社的评论人——伊利诺伊大学的阿德里安·布尔戈斯、石溪大学的忒弥斯·科罗诺普洛斯、内华达大学里诺分校的理查德·O. 戴维斯、北卡罗来纳州立大学的沃森·詹尼森、德保尔大学的霍华德·林赛，尤其是佛罗里达大学的杰克·E.戴维斯（他超出义务地为我的初稿提出修订建议）——他们帮助我完善此书，包括补充一些我忽略了的知识。

生活在20世纪30年代、40年代和50年代的人们对于种族歧视远不及今天的人们敏感。对意大利人、犹太人、波兰人、西班牙人、墨西哥人、德国人，当然还有非裔美国人加以有损人格的称谓是骚扰、欺侮人们的共通方式。作为一个整体，棒球运动界无异于社会，因此，这本书包含了反映当时无意识的种族和民族偏见的言语。尽管很多人会为“逝去的好日子”哀婉，但至少在这一方面，过去的时光并不美好。杰基·罗宾逊帮助这个国家变得更为敏感。

约翰·R. M. 威尔逊

南加州先锋大学

序　言

1919 年 7 月 27 日，在这个异常闷热的下午，芝加哥的气温高达华氏 96 度(约 36 摄氏度)。一群年轻人聚集在密歇根湖畔避暑，当中有黑人也有白人。密歇根湖的游泳区泾渭分明——一半被白人占据，另一半则是黑人的活动范围；在沙滩上，有些黑人青年抗议这种非正式的种族隔离，与白人青年互相嘲弄，两拨人还互相扔起了石块。尤金·威廉斯，一个不会游泳的 17 岁黑人青年，趴在轮胎上漂浮于水面，毫无知觉地漂到了白人区。一些白人向他扔石块；不幸的是，他被砸中额头，一下慌乱起来，沉入水中，溺水而亡。虽然目击者向警察指认了凶手，但是警察却拒绝逮捕他，这在芝加哥城内掀起了长达一周的暴乱。

种族摩擦在那个炎炎夏日不断升温。大批黑人在第一次世界大战时北迁到芝加哥，他们不是破坏罢工，就是与白人抢饭碗。六月的一天晚上，几个白人无缘无故地杀害了两名黑人，种族大战一触即发。“威廉斯溺水而亡事件”成了种族间斗争的导火索。在国民警卫队和雨季的联合作用下，混乱平息了，结果有23名黑人和15名白人丧生，另有537人受伤，1 000多户人家毁于烈火。在那个夏天，除了芝加哥以外，还有20多个城市也爆发了种族骚乱。

种族主义往往起因于无知，下层社会的白人缺少教养，他们最容易表现出明显的种族主义倾向。1915年，一部讲述美国重建时期的种族主义电影——《一个国家的诞生》推动了三K党的死灰复燃。到了1924年，美国一亿一千四百万人口中，大约有四五百万属于这个身披白袍的秘密组织。但在1919年，种族主义和三K党成员已不再限于下层社会。当时种族偏见得到了盛行的“科学理论”的支持，因而爆发了种族暴乱。达尔文的进化论使白人深信自己比黑人的进化程度更高，他们有与生俱来的优越感，认为白人应当在美国设定“低等种族”，就像在1898年美西战争中对待菲律宾人那样。政治领导人也表现出种族主义倾向：不管是极端的南部政客——佐治亚的汤姆·沃森，还是进步主义的国家领导人西奥多·罗斯福和伍德罗·威尔逊，他们对此意见 致。在威尔逊执政的1913至1921年间，种族隔离再次出现在弗吉尼亚，类似内战前的奴隶拍卖活动令这片“自由的土地”烙下了难堪的污点。不难看出，威尔逊是托马斯·狄克逊的老朋友，后者在1905年的作品《族人》是《一个国家的诞生》的脚本，威尔逊宣扬这部电影，赞美了三K党在美国重建时期的劫掠。

要改变这种根深蒂固的信念确实是个艰巨的挑战，但在随后的25年，学术领袖们确实克服了很多偏见，越来越多的人开始认同种族差异是来自社会，而并非由生物起源所决定的。1944年，《美国困境：黑人问题与现代民主》一书的出版进一步巩固了人们这种态度的转变。1938年，卡内基公司受委托准备进行大规模的研究，并谨慎地寻找一位客观、冷静的局外人做这次研究：他不能是美国人，也不能来自狂妄的现代帝国主义国家。瑞典斯德哥尔摩大学的社会经济学家冈纳·缪尔达尔开始着手协调几位研究人员的工作，与学者和普通百姓进行广泛的访谈，并克服第二次世界大战早期的危险，穿越北大西洋，进行这次经典的研究。他希望全方位地展示，他的研究有助于解决美国的困境，该书销售量达10万册，他的目标实现了。

什么是美国困境？简而言之，一方面美国人推崇自由和平等的信条；另一方面，令人可悲的种族偏见依然存在，种族隔离和种族歧视猖獗，这与美国的理想状态差之千里；缪尔达尔指出了这种断裂。有趣的是，缪尔达尔发现，美国人与其他国家的人一样，倾向于从整体上公平待人，可是仍然对特定的群体和个人有所保留——他们往往打着传统的旗号，掩饰个人私利之心。连环漫画的主角查理·布朗宣称："我爱人类，只是不能忍受某些人。"这部《花生》漫画捕捉到了这个矛盾的本质。美国真正需要的是有人把善良和具体的个人案例联系起来，使抽象的正能量带上个人情感，这样一来虚无的美德才可以转化为现实。

美国历史上曾有不胜枚举的例子，总有人能挑战时代固有的思想，为这片新大陆的信念开拓新视野。安妮·哈钦森，一位有名的持异见者、社会评论家，在17世纪30年代活跃于清教徒聚居的马萨诸塞，她曾经以理想主义抵抗缺乏思想的盲目服从，对维持现状者提出了质疑。怎样在个人自由与维持社会秩序之间取得平衡——这不仅是清教徒的困境，也成了美国历史上永恒的主题。19世纪30年代著名的法国思想家亚历克西斯·德·托克维尔曾就“多数人暴政”的潜在威胁提出过预警,大部分美国人都有这样的共识,即希望哈钦森这样的异见者无力抗争,消磨他们抵抗“公理”的意愿。当缪尔达尔的书在1944年面世的时候,尽管越来越多的有识之士反对种族主义,但由于法律、传统和旧习陋俗,种族分离的观念在美国这片土地上依然根深蒂固。美国需要有人强有力地挑战由来已久的种族分离主义,迫使人们转变现有的观念。

缪尔达尔在研究美国种族状况时发现了一个恶性循环:白人对黑人的歧视与黑人生活、健康、教育、礼仪、道德水平较低两者相互激化。歧视致使黑人生活在社会底层,而这反过来又加深了白人对黑人的歧视。要改变这种状况就必须打破这种恶性循环,提高黑人的生活水平。正如缪尔达尔所见,瓦解这种恶性循环,就能实现他的“累积因果”理论:反向转化成良性循环。提高黑人的生活水平能使白人的歧视降低,二者相互促进相互加强。

缪尔达尔对发生此转变的前景持乐观态度。他认为,比起其他的社会事件,战争是推动社会变化最有效的工具。经历了美国独立战争、南北战争和第一次世界大战，黑人各方面的条件都得到了改善，尽管战后的倒退在一定程度上影响了前进的脚步。他推论，第二次世界大战更是给国内种族关系带来了积极而深远的改变。尤为明显的一点就是，美国孤立主义时代终结。战争结束后，美国更主动地参与国际事务，若黑人继续受到不公待遇，将不利于美国树立威信，同时也有碍美国赢得有色人种的支持，不利于战后争夺地理政治优势。缪尔达尔指出，美国北部地区已经充分准备好重新定义黑人地位的条件，全国正处在解决种族问题的有利条件下，有望进行彻底改革。尽管他对此抱乐观态度，但是他也清楚地知道这并非易事。美国需要强有力的领导者，把握住战争带来的转变契机，并带领整个国家的种族关系走上正轨；美国呼唤一位强大的英雄人物，打破白人歧视与黑人低生活水平的恶性循环。

1944 年末，一位在美国军中服役了两年半的军人正准备退役，回归平民生活。他曾是一名军官，一名大学生，更为重要的是，他是一名自豪的黑人，他曾因坚守自己的原则而被指控藐视南方的种族习俗，后被军事法庭无罪释放。他是虔诚的基督教徒，他坚定不移地相信黑人应该提高自己的教育水平及行为准则——他完全符合缪尔达尔所形容的最佳领导人选。显然，他也隐约预感到他的生命注定是不平凡的，但又不知其所指。他在等待机遇。他正是杰基·罗宾逊。作家戴维·哈伯斯塔姆是这样评价他的："可以说，他是美国在二战后十年中最重要的人物。"

第一章

成长于帕萨迪纳,1919—1937

杰克·罗斯福·罗宾逊,生于1919年1月31日,他的一生注定要不断抗争。他呱呱坠地时,一场毁灭性的流感正在肆虐,夺去了美国55万人的生命,全球3 000万人因此丧生,死亡人数甚至超过了第一次世界大战。其后,他父母的婚姻出现裂痕,并于次年离婚,这给他的成长带来了很大影响。身为黑人的他出生在奴隶制仅仅废除了两代的美国南部腹地,他的种族处于这个国家最贫困地区的社会最底层。就连当时最乐观的评论家都对他将来会蜚声国际觉得难以置信。

罗宾逊一家在美国西南部的乔治亚州的开罗南部以务农为生,那里在佛罗里达以北12英里,亚拉巴马以东42英里。当地气候严酷,夏天天气炎热、潮湿,多发雷暴，害虫铺天盖地，农民苦不堪言。虽说罗宾逊一家居住在格雷迪县的镇上，但他们的生活过得并不安稳。南部的种族隔离法规定：学校、火车、公共汽车、医院、卫生间、饮水机以及体育比赛都应按种族分隔，而实际上种族隔离的范围比法律规定广得多。要是谁敢以黑人的身份挑战现状，他就会丢掉饭碗，甚至更糟。

早在1871年就被定为非法组织的三K党到了1915年又在佐治亚卷土重来。三K党和其他人恐吓黑人，在佐治亚执行私刑，这个州的西南地区成为这种暴行最为盛行的地区。私刑公开进行，残酷而暴虐，暴民聚众残杀黑人。受害者往往不是被吊死就是遭枪杀，还有些人被烧死，惨受割刑，遭受暴打甚至被肢解。1919年8月，伊莱·库珀不慎在说话中冒犯了白人，就被枪支挟持着带到离家几英里之外的教堂，挨了好几枪后被烧死在教堂里。这些私刑有多种目的：廉价娱乐（白人女性和儿童也参与其中），号召白人团结，提升贫穷白人的地位优越感，对胆敢挑战白人至上主义的黑人起震慑作用。这些集体犯罪的行凶者几乎没有受到过惩罚。

杰里·罗宾逊可能是家中十一个孩子里年龄最大的，他是文盲，也可以算是半个农民：每年他都在吉姆·萨瑟家的庄稼地里忙活着一半的农作物。18 岁时，他认识了 14 岁的玛丽·麦格里夫。玛丽来自一个较为体面的家庭，在十四个兄弟姐妹中排行老七，她的父母原本是奴隶出身，但他们经过努力打拼，拥有了自己的土地，而且他们很注重子女的教育。玛丽上了六年学，在十岁的时候她就能教父亲读他特别喜爱的《圣经》了。她的父母为她挑选了一位门当户对的求婚者，但她却爱上了英俊潇洒的杰里。令父母失望的是，玛丽和杰里于 1909 年 11 月 21 日结为夫妇。那年他 21 岁，而她刚满 17 岁。

玛丽受过良好的教育，成了这个新家庭的顶梁柱。萨瑟称她“几乎是这片土地上最有活力的黑人女子”。她敦促杰里成功地从月薪仅 12 美元到后来成为半佃农，他们的经济条件得到了极大改善，年收入从 134 美元跃升到 350 美元。但可惜的是，杰里并不热爱工作。他还三番四次对玛丽不忠。和解的结果是他们生了几个孩子。1910 年大儿子埃德加出生，1911 年二儿子弗兰克出生，1914 年三儿子马修（也就是麦克）出生，家中唯一的女孩薇拉·梅在1916年出生，小儿子杰克则是在1919年与他同名的西奥多·罗斯福去世后的几周出生的。

1920年的两件大事使罗宾逊一家发生了巨变。第一件是杰里和邻里的一个农民的妻子私奔，这再一次考验了玛丽的耐心与信心，她一直想为五个孩子维持家庭的稳定。第二，“伯顿舅舅”托马斯，玛丽同父异母的哥哥从加利福尼亚州的帕萨迪纳市来这里观光。托马斯，大肆宣扬加州的光荣史，他信心满满而又兴高采烈的气息不仅感染了玛丽，她的哥哥保罗·麦格里夫、姐姐科拉·韦德夫妇及他们的两个孩子都兴奋起来了。当吉姆·萨瑟为失去了佃农而大发雷霆，驱赶玛丽和孩子们搬到几乎不能住人的窝棚，甚至因为杰里的不告而别而无理指责她时，玛丽终于忍无可忍了。她带着孩子们和韦德夫妇、哥哥保罗一道动身去了开罗，踏上了开往加利福尼亚的列车——正如玛丽所说，这是“奔向自由的列车”。他们的成功逃离堪称是奇迹，通常白人不会轻易饶过想要逃走的黑人劳力。从此，杰基再也没有见过他父亲，人生中的这点空白使他在青少年时期相当腼腆、内向。他的兄长和姐姐要比当时还在襁褓中的他更了解父亲一些，所以他们与他的想法截然不同，反而觉得父母分开倒是件好事。

1920 年，六月初温暖的一天，移民们搭乘火车经过穿州过省的长途跋涉，终于到达了加利福尼亚州的帕萨迪纳。伯顿立刻意识到，他需要更大的房子才能容纳前来投奔他的这一大家子。他们一起搬进了位于帕萨迪纳西北格洛里塔大街 45 号的一栋宽敞的大房子里，住在这个区域的基本都是白人。在这座总人口只有 45 000 人的城市里，仅有 1 100 名黑人。久而久之，西北区成了黑人、亚洲人、墨西哥人和贫困白人的聚居地。伯顿有点不合群，和孩子们住在一起总感觉不大自在。几年后，玛丽和韦德夫妇有了些积蓄，便买下了附近佩柏大街 121 号的一幢房子。1924 年，韦德夫妇自己也买了房子，便搬到了几个街区之外，而佩柏大街上的房子——罗宾逊一家称之为“城堡”——现在是属于玛丽的了。“城堡”周围环绕着许多果树，屋后有大大的后院，还有一个菜园，在不同的时节，喂养着火鸡、鸡、鸭、兔子等禽类。这屋子里有四个房间，杰克从小在这儿长大，上学离家不超过一英里路，这种生活一直维持到他读完高中。即使上了大学，他还是常常往返于家与学校间。

玛丽在一户人家中做了二十多年女佣，当她不在家的时候，每个孩子都会肩负起照顾弟弟妹妹的责任，杰克便是在姐姐薇拉·梅的宠溺和关怀中长大的。他爱读书，在公共图书馆阅读了大量书籍；随着年龄的增长，他玩心渐渐重了，成绩便开始下滑。他很早就表现出了出色的体育潜能。令他自豪的是，他曾带领三年级的球队在橄榄球比赛中战胜了六年级的球队，而且作为胜者他们还可以代表学校参加比赛。杰克常常能得到额外的食物和金钱，这是其他孩子为了留住队中实力强劲的选手而提供的厚待。可是杰克回忆说他当时还是老觉得饥饿。他姐姐怀疑体育记者（和杰克）为了塑造他“白手起家”的奋斗历程而过分夸大了这一点。

杰克的家庭给予了他强烈的归属感，母亲玛丽是家里的主心骨，也时时给予孩子们鼓励。孩子们总是以母亲为荣，母亲虽然长时间在外辛勤工作，却从未忽略过家庭，她天性乐观，从不屈服，在她的影响下家里总是其乐融融。她虔诚地信仰耶稣基督，宗教信仰使得她总能从容面对各种难关。她常能感觉到上帝的眷顾,当日子艰难怨声载道之时,她也总是以“耶和华必预备”来应对。孩子们偶尔会埋怨耶和华没有预备妥当,她便会引用司各特卫理公会教派联盟牧师的话说:上帝同时照拂无数的民众。她每天都在赞颂上帝,当邻居们闲话他们的黑人身份让罗宾逊一家生活困难时,她仍能安之若素。她向孩子们灌输种族自豪感、自尊心及正面的自我认知,使他们在成长过程中获益良多。

杰克年少时并不太赞同母亲的慷慨大方。正如舅舅伯顿在他们一家和韦德夫妇决定从佐治亚州搬往西部时给予了很大帮助一样,玛丽对其他人也总是很慷慨。尤其是1930年大萧条席卷之后,许多靠服务业为生的家庭,日子过得很艰难。很多白人家庭发觉已无力再留用仆人。玛丽是个热心肠的好人,要是谁一时潦倒请求借宿或者长期住在她家,她很乐意施与援手。有时杰克会为母亲觉得不值,因为她并没有得到应得的赞誉。杰克慢慢长大后才终于明白母亲并非是心思单纯容易受骗,她其实是个慷慨乐施的好人,心存善意,觉得助人是好事,便一心去做。

杰克的三位哥哥性格迥异。长兄埃德加比杰克年长九岁，是一名虔诚的基督教徒，性格有点内向，一直没有婚娶。二哥弗兰克比杰克年长八岁，瘦弱而多病，却很有社交手腕，打理着杰克的体育事业，在杰克身边鼓舞他，并为他的发展保驾护航。三哥麦克比杰克大五岁，他是杰克的榜样。在1936年柏林奥运会上，他获得了田径200米的银牌，成绩仅次于冠军杰西·欧文斯。在后来的一项赛事中，他更创造了一项世界纪录。但是后来，杰克取得了更大的成就，相比之下他黯然失色，这使他心存愤懑，再也没能重现奥运时的风采。

除了家庭和学校，帕萨迪纳的田园风光也为杰克的成长提供了非常重要的良好环境，在19世纪后期，这里的气候吸引了大批的东方游客，而帕萨迪纳也凭借兴建果园、疗养院及酒店兴旺富裕起来。19世纪20年代至30年代间，帕萨迪纳跃居全美按人均计最富裕的城市行列。当时，这座城市增加了许多文化景点，提升了城市吸引力。1922年，位于佩柏大街的玫瑰碗体育场开始向外扩建一英里，这里每年举办许多著名的足球赛事，同时也是年度玫瑰花车大游行的终点站。城市中心也大兴土木，建起了帕萨迪纳公众剧院、帕萨迪纳专科学院、加利福尼亚技术学院及亨廷顿图书馆、美术院。这座城市一跃成为誉满全国的教育、文化和艺术中心。

对于那些不富有的白人精英阶层来说，生活远没有那么惬意。在1917年最高法院废止城市区划法之前，墨西哥人、黑人、日本人和中国人被限制在特定区域内活动。相关法令废除后，他们仍然发觉大部分的活动范围仅限于这座城市的西北，那里正是罗宾逊一家扎根的地方。与佐治亚和南方地区严酷的暴力镇压相比，帕萨迪纳的种族隔离形式还算温和。1914年，离佩柏大街不远的布鲁克塞德公园新开了一个游泳池，可是仅限白人进入。由于人们的抗议，当局才勉强同意游泳池在周二对有色人种开放——而之后他们则会抽掉整池水，重新注入干净、无污染的水。在炎热的夏天，这些约束引起了黑人们的不满，尤其是像杰克这样对社会不公十分敏感的黑人。有一次，杰克想要到游泳池去消消暑，但当天并不是允许黑人进入的日子，他被逮捕了，杰克因此和当局展开了争论。在经济上的情况更为严重，杰克住在这座城市里的那些年，黑人在帕萨迪纳只能找到一些体力工作，比如麦克的工作是清洁马路，弗兰克则是修剪树枝。种族隔离虽然不像南方地区那样明确地记载在当地的法律条款中，但是限制明显地存在着，一些黑人对此感到十分愤怒，因而在1919年设立了全国有色人种协进会(NAACP)的地方分会。

1922年，当罗宾逊一家搬进佩柏大街的“城堡”时，附近还没有几户黑人，白人邻居都对他们十分警惕。杰克当时还是小孩，似乎并没有感受到别人的歧视。老师们的支持、学校里无私的团队合作和少不更事的年纪使杰克并没有感觉到公然的种族敌视。玛丽的宽容、善良和大方，尤其是当她面对白人的敌意时所表露出的平和以及基督徒的温顺，使她赢得了邻居们的尊重。她教导孩子们应和邻居和睦相处，不生事端，也要不卑不亢。她的庄重品格赢得了邻居的好感。

随着年龄渐长，杰克对种族歧视越来越敏感，憎恶感也与日俱增。当地的基督教青年会拥有良好的体育设施，他要求加入却被拒绝；他只能坐在电影院的黑人专区中，不管是在“克雷斯”、“伍尔沃斯”，还是在“施拉夫特”，都不为黑人提供服务，这并不是大惊小怪。他把所有的挫败感都通过体育竞技发泄出来。《洛杉矶时报》的一名体育记者萨夫·格利克曾说过，杰克在体育比赛中相当有竞争力、积极进取、不畏挑战。无论他心中有多少怒火，他都可以按捺住，把愤怒基本都压制在心中，而表面上表现出礼貌与冷静——这对于他长大成人后能取得巨大成功至关重要。他从不把怒气带回家，至少他在家时从未咒骂过任何人。他发脾气时只会说：该死！20世纪50年代时，小说家詹姆斯·鲍德温如此写道："我从没想到，一个在这个国家成长的黑人，在十多岁的年纪，居然没有被其生活的环境所打倒。"

杰克做过他这个年纪能做的各种工作，包括修草坪、送报纸、为人跑腿。他很高兴能将自己挣的钱交给母亲，帮她维持整个家的生计。除了兼职以外他还是有大把的空闲时间，他成了一名激进的"佩柏街头帮派"成员（但是如今对这段历史的具体日期已无从考证）。这里所用的"帮派"一词在当时并没有暴力和反社会的意思。这些男孩只能称得上是一些"小捣蛋鬼"，一群来自多个少数种族的少年，专干些从果园或水果摊偷水果、向汽车投土块或向路灯扔石子之类的恶作剧，基本都是些小孩子才会做的蠢事。这些帮派成员里有该地区最好的运动高手，常会与周边地区的团伙进行比赛。在帕萨迪纳，青少年犯罪并不普遍，佩柏街头帮派的成员不吸毒、不吸烟、不酗酒，杰克似乎是这个帮派的首领，尤其爱搞恶作剧。这些孩子很幸运，帕萨迪纳警察局局长休·摩根对他们很关注。摩根曾是路易斯安那州橄榄球运动员，他于 1924 年投身警界，在南加州大学致力于青少年犯罪研究，试图运用心理学及交际手段而非暴力及威胁手段来对待这个帮派。他的方法（包括偶尔去该帮派成员家，尤其是杰克家进行家访）奏效了。他给了这些孩子正确的引导，他们中无一人走上严重犯罪的道路。

杰克很幸运，遇到了一些为他指明正确、积极向上的人生道路的成年人。除摩根局长之外，卡尔·安德森也在此列。汽车修理工安德森是杰克的邻居，只比他大七岁，他注意到该帮派常在他家店的拐角处闲逛，没过多久他就和杰克成了朋友。作为社区领导的安德森在帕萨迪纳的西北成立了一个黑人童子军，并组织了一个“友好印第安人”小组，于每周五晚上在他家举行集会，给这些孩子讲讲故事并进行集体活动。安德森在杰克走上正途的过程中起到了关键性作用。他在赢得杰克的信任之后，便利用自己的优势从杰克的软肋入手引导他。安德森意识到杰克很崇拜母亲玛丽之后，就对他说他参加帮派伤害到的不仅仅是他自己，也会伤害到他母亲玛丽。后来，安德森还告诉杰克，拒绝走上帮派道路是需要勇气的，他希望杰克有这份勇气。他劝导杰克纠正错误、成熟起来并要有所作为，杰克的确听取了他的建议。

1934—1935 学年，杰克从华盛顿初中毕业，升入他家西北方向约一英里远的约翰·缪尔技术高中。约翰·缪尔技术高中是 20 世纪 20 年代帕萨迪纳的两所典型美国高中之一。杰克很快就在该校的春季棒球以及田径比赛中脱颖而出，取得了骄人的成绩。他在该校强大的棒球队中担任游击手，将其出色的手眼协调能力运用得淋漓尽致，这也成为他日后作为职业运动员时的最大优势。在田径比赛中，他参加了跳远和跳高这两个项目，而跳远的成绩最好。他还参加了合唱团，这证明了他不仅仅擅长体育，而且也具有文艺才能。另一方面，他在文化课上的表现却不尽如人意，成绩仅仅是及格水平。

在高中三年期间他继续培养自己的运动技能。他所在的橄榄球队中的老队员表现勇猛，以至于球队雄霸整个赛季，而杰基在这个赛季的后期才作为冲锋和传球的四分卫有所表现，其他大部分时间都是坐在替补席上。他的积极进取和无私使得整个球队能更好地团结起来。不足为奇的是，在他高中和大学期间所在的所有球队中，白人球员都占绝大多数。

尽管杰克在球队表现很好，但据当时的一名队友所说，他并不太受队友的欢迎，原因是他太关注于赢球，球队输球时他常会大吼大叫，也很难从输球中缓过来。此外，他被其他人疏远的另一原因是，他和他哥哥麦克一样，希望其他人知道自己有多厉害。春季，他在一个处于过渡时期的中等球队出现人员空缺时，从游击手的位置转移到了捕手的位置。尽管缪尔高中的成绩并不好，但是，杰克却在波莫纳联赛上与未来名人堂的名人泰德·威廉斯和鲍勃·莱蒙成就了一支全明星队。他在学校举办的跳远比赛中以7.03米(23英尺1英寸)的成绩赢得了冠军，但是在州比赛中却没能拿到这样的好成绩。此外，他也参加了撑竿跳。他在多个项目上的多才多艺，很可能抑制了他在专注于某一个项目的情况下才可能获得的成就。

证明他多才多艺的另一个例子是,他于1936年9月在"太平洋海岸黑人网球锦标赛"上赢得了男子青少年单打冠军。很少有黑人打网球,而罗宾逊也是断断续续地打,这在他参加的非正统比赛中有所体现。但是,他纯粹的运动才能和进攻性,再加上他的敏捷和运动直觉,使他一直想挑战新的项目。

当年秋天回到学校之后,罗宾逊在学校新的橄榄球队中担任了重要角色,带领着约翰·缪尔与劲敌格伦代尔队争夺冠军。最后,格伦代尔队赢得了比赛,但是,这次比赛却为杰基成为一名一流的大学橄榄球明星奠定了基础。此时他也长到了其成年后的身高,约1.80米(5英尺11英寸)。在篮球赛季他从防守队员变成了前锋,一直得分很高,并且在1937年1月29日与格伦代尔队比赛时,胜过了格兰岱尔队,达到了他高中生涯的顶峰。两天后他年满18岁,第二天便进入帕萨迪纳初级学院继续学习。当时他已成为一名青年,正准备向人生的下一个阶段迈进。

第二章

大学时期

进入帕萨迪纳初级学院(PJC)实际上并没有改变杰克的人生。当他来到这所位于佩柏大街“城堡”东部约三英里处的科罗拉多大道上的校园时,这里一团糟,因为当时这里仍在进行1933年地震后的重建工作。直到1937年秋天,新大楼才建成并投入使用,新的绿化景观将这里打造得非常漂亮,充满了田园风光的味道。但是杰克在这里的第一个学期,校园内却到处是灰尘(下雨时泥泞一片)。这所初级学院对于大器晚成或付不起四年大学高昂学费的年轻人来说是种福利,因为这里不收学费,而且由于学校没有宿舍,学生可以在家住宿。学生在两年内便可修完一个准学士学位,然后可以毕业,也可以转入四年高等教育机构继续完成学士学位。由于初级学院的学生大部分来自本地,所以杰克在这里能感受到家乡的气息，而且天天都能见到熟悉的面孔。该校大约有4 000名在校生，其中有60到70名黑人属于少数种族。在帕萨迪纳种族日益敌对的社会环境下，这里成了种族自由主义的安全岛。所有学校活动和设施均不存在种族歧视，向所有人开放。

杰克在初级学院交到了两个特别要好的朋友。性格外向的杰克·戈登帮助罗宾逊克服了他腼腆的性格。他们经常进行四人约会，后来戈登还在罗宾逊的婚礼上担任了伴郎。而雷·巴特利特则是罗宾逊的运动伙伴，他们经常一起参加各种高中、大学以及夏季的体育队。但是，两人的不同之处在于罗宾逊喜欢与其他黑人学生在校园闲逛，而雷则喜欢在图书馆埋头用功，他几乎没在图书馆见过杰克。杰克经常努力扩大他的黑人朋友团体，并希望各个学校团体团结起来，争取获得平等待遇。令他沮丧的是，这些朋友只喜欢聚在一起玩乐。杰克·罗宾逊和杰克·戈登以及另外一个学生成了第一批被选入“枪骑兵”(Lancers)的黑人成员。这是一个穿着黑色运动衫执行一些校园监督工作的服务组织。但是雷·巴特利特却对帕萨迪纳初级学院敏感的种族隔阂有所记忆，他感觉大多数俱乐部都有意回避黑人，里面几乎全是白人。他还记得在球队外出参加球赛时黑人球员偶尔会受到怠慢，如在菲尼克斯他们就被要求单独住宿，而在萨克拉门托甚至有人拒绝为他们提供服务。更普遍的是，在比赛期间对方球员经常对帕萨迪纳初级学院的黑人球员展开种族歧视性的人身攻击。

尽管杰克和他的哥哥麦克年龄相差五岁，但是他们却是在同一年的春天进入帕萨迪纳初级学院的。杰西·欧文斯成为一名专业的田径运动员时，麦克已成了一名全美一流的业余短跑健将。他参加的比赛项目有 100 米短跑、220 米短跑、短跑接力赛、低栏赛跑和跳远。在跳远项目上他仍然能打败杰克，但是杰克逐渐超越他。在弗雷斯诺市的西海岸接力赛中，这对兄弟强强联手，而在德雷克接力赛中，麦克还创造了新的全国纪录。1938 年春天，麦克利用自己在初级学院的表现获得了俄勒冈大学的田径奖学金。至此，杰克才摆脱了他哥哥光环的笼罩。但是，一学期之后麦克从俄勒冈大学退学，又回到了帕萨迪纳，而他只能找到诸如夜班清洁工之类的体力工作，又成了一名缪尔达尔书中所述的恶性循环的受害者。现实萦绕着杰克并且导致他限制住了自己的抱负。杰克确信不管他受过多少教育或作为黑人赢得多少荣誉，他终究还是没有机会找到一份与其所学相关的体面工作。麦克的负面例子给杰克带来的影响是，他不再将文化课学习看得那么重要，并且决定在获得学士学位之前从大学退学。

杰基，自媒体这样称呼他之后这个名字便逐渐被人们熟知，他在帕萨迪纳初级学院开始转向棒球运动。他很快就初露锋芒，不但赢得了游击手的位置，而且还成了一流投手。他的敏锐眼力与快速反应令他在比赛中的表现极佳，他几乎没有出现过三击不中而出局的情况。由于他很瘦(体重仅有 135 磅)，所以没有力气打全垒打，但是，他会孤注一掷地进行盗垒，例如，在一次与莫德斯托初级学院的比赛中，他连续成功完成了二垒、三垒及本垒盗垒。他勇猛的表现为帕萨迪纳成就了最好的赛季之一。这一年以及第二年的夏季他还参加了在布鲁克塞德公园举办的快掷垒球联赛。杰基所在的冠军球队吸引了众多观众，当时一场比赛的球迷就多达 5 000 人。

和绝大多数学院一样，在帕萨迪纳初级学院供选择的体育项目是橄榄球。秋季，杰基加入橄榄球队时，遭遇了一些未预料到的种族关系紧张的情况。当时，球队来了一名曾在帕萨迪纳就读高中并毕业于南加州大学的新教练——汤姆·马洛里。他曾经在俄克拉何马州的高中任过教练，这次来帕萨迪纳任教时也带来了几名白人球员。一方面，球队中包括杰基在内的三名黑人球员希望能成为先发球员，另一方面，这次引进的新球员表面上对黑人队友很客气，暗地里却很鄙视他们。杰基去找教练，并威胁说如果俄克拉何马州小分队再有种族歧视的表现他就退队。马洛里解决了这一问题，杰基帮助他打破了种族差异。不幸的是，杰基右腿骨折，打了石膏。而在他养伤的四个星期内他们球队在此赛季初就连续输掉了四场比赛。

当他重回赛场后，球队的表现明显好转。他在头两场比赛中打了半场，然后带领球队连续赢得了四次胜利，直至整个赛季结束。更重要的是，杰基开始运用从母亲玛丽那里学到的道理。在他母亲看来，你与人为善，别人自然也会善待你。她意识到佩柏大街上那些不友好的邻居本身并不坏，只是无知而已，她以自己友善得体的行动以及善解人意的态度赢得了他们的尊重。当杰基担任四分卫期间，他将大量的得分机会让给了来自俄克拉何马州的队员，也包括那些阻截能力很强但很少获得荣誉的后卫队员。他们对杰基的友好态度给予了友好回应，杰基成功地为大家克服种族分歧架起了桥梁，实质上推动着恶性循环向良性循环转变。但是，令他失望的是，他却未能获得最有价值球员奖。

尽管不久之后他加入了篮球队，但是他在帕萨迪纳初级学院已一举成名。他在加入一个与会者和领导几乎都是白人的体育联盟时，认识到偏见会为整个球队带来不良影响。当不接受黑人申请者的长滩初级学院来帕萨迪纳打比赛时，比赛期间火药味很浓的种族紧张气氛最终上升为暴力行为。当时一名反黑人的候补队员萨姆·巴比奇在终场哨响之后猛击了杰基一拳。杰基不愿意无缘受辱，便将对方打倒在地，这时球迷骚动起来，现场一片混乱。最终虽然恢复了秩序，但是这次经历却令杰基认识到在之后的人生中他会经常遭遇嘲讽和挑衅。最终，长滩学生会主席向杰基和他的队友致歉。这一赛季末，杰基所在的斗牛犬队获得了第三名的成绩，而杰基仅以一分之差成为得分第二高的球员。

此时，杰基·罗宾逊身上表现出了完全矛盾的两种对立面。一方面是他与警察之间的紧张关系。另一方面则是他与上帝的关系。1938年1月末，杰基因为当着敏感警员的面演唱《平足弗鲁杰》而被捕。最终他在监狱待了一晚，并被判处十天监禁，若他在之后的两年内不再被捕可缓期执行监禁。从各方面来看，这起事件给一些人留下的印象就是，杰基在帕萨迪纳是个问题青年。实际上，警察并没有将杰基当作闹事者。尽管他脾气不好，而且很容易动怒，但是考虑周到的警务观察员认为，杰基仅是对警员的言辞表示反驳而已，并没有其他出格行为。在有人对他或其他黑人给予不平等公正的待遇时，他就会动怒，而帕萨迪纳警局中有些工作人员是种族极端主义分子，所以杰基与他们发生冲突也不足为奇。他希望得到尊重和平等待遇，并会为赢得尊重而竭尽全力做自己力所能及的事。这种强烈的黑人自尊心一方面常使他陷入困境，另一方面却在他未来的发展道路上起到了激励作用。

另一个具有重大意义的成长也发生在1月，当时，25岁的卡尔·唐斯在罗宾逊一家做礼拜的司各特卫理公会教堂担任牧师。这位激进的年轻人凭着一腔热血在1936年的全国有色人种协进会的杂志《危机》上发表了一篇呼吁学生为不公奋勇争战的文章，这篇文章立即引起了杰基的共鸣。唐斯认为建立一个强大教会的关键是吸引和吸收更多的年轻人加入，他用一系列的新计划来寻求年轻人及其长辈的支持。尽管他雄心勃勃的行动令教会中较保守的年长会众倍感惊慌，但是他身上的活力和热情很快征服了反对者，使这个教会变得强大起来。

唐斯对杰基特别关注，将他视为一位重要的青年领袖，而杰基则做出了积极回应。以前去教堂是出于对信仰的忠诚，现在则成了一种快乐，去教堂成了一种积极的活动，取代了与帮派成员闲逛。唐斯参加了这些年轻人的体育运动，这样一来他也能与这些年轻人进行心灵上的沟通……当他们遇到问题时他会用心聆听，并且装作不经意地提供一些忠告。他俨然成了杰基未曾拥有过的父亲。后来，杰基常提到是唐斯"拯救"了他，并改变了他的一生，就连雷·巴特利特也回忆说，"真不知道如果杰克没有遇到唐斯牧师，他的人生会怎样。"这位年轻的牧师引导杰基将自己交给耶稣，从而使杰基获得了重生，开始明白福音的真正内涵，并像他母亲玛丽一样，以自己的方式感受到了上帝存在于他的生活之中。最终他渐渐明白了他母亲是如何在苦难的生活中用信仰获得“精神上的胜利”。他这种坚定的信念与强烈的种族自尊心塑造了他强大的性格，并使他获得了前所未有的心灵与情感上的平静，他具有了成功应对生活挑战的能力，并打破了白人歧视与黑人低生活水平的恶性循环。1939 年，杰基开始在主日学校教书。从更具体的表现来看，唐斯使杰基在职业选择上有了清晰的认识，这正是他之前所欠缺的。杰基意识到牧师对他和他的朋友带来的影响对于他们的人生意义重大，他开始设想将来做一名教练，与年轻人一起工作并改变他们的人生。

杰基这种全新的深刻精神觉悟并未影响到他在体育比赛中的求胜之心。1938 年春，他在斗牛犬棒球队的表现非常出色，他勇猛的跑垒和精彩的防守令现场的观众惊叹不已。他的击球率高达 0.417，得分跑垒 43 次，盗垒 25 次，在 24 场比赛中只有三次因三击未中出局。这些成绩为他赢得了区域最有价值球员的称号，并为帕萨迪纳初级学院赢得了赛区冠军。春季的一天，田径比赛和棒球比赛同天举行时，杰基将自己作为综合体育明星的神话进一步延续了下去。在波莫纳举行的田径运动会上，他跳出了7.78米(25尺6.5英寸)的好成绩，打破了麦克之前创造的全国初级学院跳高项目的7.62米(25英尺)记录。赛后，杰克·戈登开了30英里的车将杰基送到正在举办棒球赛的格伦代尔，杰基就在车内换上了棒球服。他们到达比赛现场时比赛已进行到了第四局，杰基上场后很快便击中一球。当时，强风刮起，将球从一垒的位置刮到三垒，他抓起一把沙子抛向空中，从而干扰了投手的视线，他趁着投手此时眼睛的不适在二垒成功盗垒。在帕萨迪纳成功在握之际，他又击中一球。他再一次抓住了展示其竞争优势的机会，并将其加以充分利用。但此时他还是缺少成为职业棒球运动员的机会。三月，芝加哥白袜队与帕萨迪纳青年队打了一场春季训练赛，杰基迅速击中两球，盗垒一次，并制造了精彩的双杀。有人无意中听到白袜队经理吉米·戴克斯说，“天哪，要是这个孩子是个白人，我会立刻签下他”。但是杰基不是。

1938年秋天，刚进帕萨迪纳初级学院时那个仅有

135 磅的消瘦男孩已有了强壮的体魄，体重上升到了 175 磅，这都归功于团队的训练和充足的饮食。杰基在受伤的情况下，仍然带领斗牛犬队以 11—0 的成绩在整个橄榄球赛季取得了全胜，并在全南赛区队中与担任捕手的雷·巴特利特并肩作战。他完成 17 次触地得分，通过进攻、传球和踢球共得 131 分，但是 1937 年他错失了梦寐以求的最有价值球员奖。之后他又转向篮球比赛，继续展现自己在当地赛场上的一贯风采，并带领篮球队获得了联盟赛的冠军，为学校赢得了 26 分，完胜洛杉矶初级学院。

篮球赛季结束的时候，杰基也从帕萨迪纳初级学院毕业了。他已在本地受了两年教育，打算继续深造。他的成绩使他成了该校历史上最优秀的运动员，并为以后的学生树立了楷模。他是学校乃至当地最优秀的橄榄球运动员、一流的篮球队员和棒球明星。在田径项目方面，他创造了全国初级学院跳远纪录。他在四项体育项目中因表现出色而获得校名首字母标志奖励，带领团队赢得联盟赛冠军，并表现出了杰出的领导能力，这些都是他在帕萨迪纳初级学院校史上留下的深刻印记。比以上荣誉意义更大的是，他被学生选入著名的马斯特及戴格尔荣誉学会。该学会接纳的都是“为学校作出突出贡献且学业成绩与个人品德表现皆佳”的学生，而杰基的学业成绩并不突出，这说明该学会接纳他的理由是对他人格魅力的赞许。

不出所料，杰基从初级学院快毕业时，一些重点大学疯狂地争抢他加入本校的橄榄球队，但是在整个过程中他偶尔也遭遇了一些可疑的诱惑以及意想不到的种族歧视。有一个声称是斯坦福大学校友的男士告诉杰基，斯坦福大学会在西海岸之外的大学以非斯坦福体育计划的形式继续资助他上学。他很欣赏杰基的运动才能，但是由于斯坦福不接收黑人学生所以不能直接录取他。而斯坦福还有两位来自南加州的竞争对手——加州大学洛杉矶分校（UCLA）和南加州大学（USC）。后者的教练霍华德·琼斯对杰基评价极高，但是民间传闻琼斯是种族极端分子，他虽然引进一些黑人队员，但是绝大部分时间都是让他们候在替补席上。因此，南加州大学不是黑人球星能成功的好去处。

加州大学洛杉矶分校则有很多优势。第一，和南加州大学一样，该校距离杰基家不远，他可以在家住宿，并能与家人保持亲密关系。第二，他哥哥弗兰克也赞成他选择加州大学洛杉矶分校。如果杰基去该校，弗兰克就能继续去观看他的比赛并给他提供一些建议。第三，加州大学洛杉矶分校也邀请杰基的好朋友雷·巴特利特加入该校。如果两人都进入这所大学，他们便能继续保持两人的亲密友谊。在加州大学洛杉矶分校与南加州大学之间，巴特利特也偏向于选择前者，因为他认为这所学校提供给黑人学生的机会更多。最后，他们是在加州大学洛杉矶分校于1938年12月1日任命“大个儿”埃德温·C.霍雷尔为新的橄榄球主教练时正式进入该校的。这名帕萨迪纳初级学院的前体育明星和另一名校园内的同名人——加州1924年全美最佳选手将加州大学洛杉矶分校与帕萨迪纳紧密联系在一起。

还有其他学校也愿意接收他们，但是他们的条件都没那么坦率。尽管加州大学洛杉矶分校没有提供体育奖学金，但是由于每学期的学费只有35美元，即使没有助学金对他们来说也不那么重要了。另一方面，运动员还需要购买运动服和书的钱以及交通费。杰基从帕萨迪纳到位于韦斯特伍德的校园需要坐或开一小时的车。他在加州大学洛杉矶分校读书期间干过各种工作，同时还继续帮助母亲维持一家的生计。杰基进入加州大学洛杉矶分校后的1939年春发生了两件让人好奇的事。第一件是他以前开的旧普利茅斯换成了一辆较新的A型福特车。换车的钱从哪里来的呢？另一件事更令人惊奇，玛丽在紧邻“城堡”的佩柏大街133号买了套房子，与她的侄女杰茜·马克斯韦尔成了邻居。原来的老房子留给了杰基、薇拉·梅、弗兰克及其妻子玛克辛和他们的两个孩子住。至少突然能买房这件事令人很吃惊。雷·巴特利特曾说过他从加州大学洛杉矶分校支持者那里拿过钱用于买车，而且当他还钱时他们很吃惊。罗宾逊家获得的钱来自加州大学洛杉矶分校（或者间接地来自学校的运动支持者），目的在于说服杰基进入该校，这种说法至少看似可信。

为了能为1939年秋季他在加州大学洛杉矶分校的首次赛事做好准备，杰基先进入该校的春季进修部学习，以弥补学业上的不足。他补习了在缪尔高中所落下的代数和几何知识，并选了一些进修课程，如英语、法语、生理学和体育。这个春天是他在人生中第一次集中精力去学习，他的学习生活终于走上了正轨。他也声明在加州大学洛杉矶分校他只愿意参加两种体育比赛——橄榄球和田径，这话使得学校的棒球教练和篮球教练深感不安，他们原本还指望他来壮大自己的队伍。如今看来，杰基当时好像计划保存体力，以便能参加1940年奥运会的跳远比赛，这是一次他能证明自己和哥哥麦克一样优秀的机会（麦克在1936年奥运会上赢得了冠军）。他在很多运动项目上均具备天赋，这反倒使他无法在任何一项上达到最高水平。难怪当时一些教练想将他归至自己麾下，将他的潜能开发出来使他能更出类拔萃。加州大学洛杉矶分校体育部主任比尔·斯波尔丁曾开玩笑说，真不知道当时将杰基招入加州大学洛杉矶分校是不是一个正确的决定，因为"大个儿"霍雷尔、威尔伯·约翰斯（篮球教练）、哈里·特罗特（田径教练）和吉姆·谢弗（棒球教练）经常为杰基令人羡慕的天赋而激烈争吵。

认真学习了一个春季之后，杰基在1939年夏季再次展现了他在体育竞技方面令人不可思议的多才多艺。他参加了与帕萨迪纳袜队（芝加哥白袜队赞助的业余球队）的棒球比赛。队中共有三名黑人球员，杰基很可能是整个队员名单上最优秀的球员，这支球队最终赢得了加州业余棒球赛的冠军。在此期间，他也参加了一些网球比赛，帮他消磨了一些没有校际比赛的夏日。虽然他的对手都是些常年专注于网球的球员，但是他还是在网球俱乐部黑人西部联盟举办的第十届年度锦标赛上获得了单打和双打两项冠军。考虑到他不久就要进入加州大学洛杉矶分校，所以这些成绩本来应该能让他感到幸福无比。但是，实际上，这段时间却是他人生中最黑暗的一段日子。

杰基离开南方时只有14个月大，对种族歧视并没有确切的亲身经历，但是他感觉帕萨迪纳的种族歧视比南方严重很多，他逐渐对帕萨迪纳这个城市厌恶起来。当年1月2日，当地警察与他大哥埃德加发生了冲突。当时埃德加在观看玫瑰花车巡游，可是警察却指控他没为他所占的座位付费，并殴打他，然后将他拖到警察局。埃德加坚称，这些警察在他被拘留时从他的钱包里偷了钱。他要求赔偿但并未成功。仅有黑人开办的《加利福尼亚鹰报》报道了此事，之后全国有色人种协进会发出了抗议，但是并未对这件事带来任何影响。此外，全国有色人种协进会对带种族歧视的警察在普伦盖的表现深感厌恶，于是在1939年上诉要求废除普伦盖的种族隔离政策。1942年加利福尼亚最高法院做出了有利于全国有色人种协进会的裁决，而这所城市则选择关闭了游泳池而不是取消种族隔离政策。大家可能更倾向于将这种反应与南方腹地而非加利福尼亚联系在一起，这点恰好证明了种族歧视是一个全国性的问题，而不是一个区域问题。直到1947年游泳池才向黑人开放。法院审理前期，市长解雇了麦克和其他黑人工人，以对黑人挑战白人至上主义进行打击报复。7月，公民领袖联合帕萨迪纳促进协会，规定城市“公共财产的使用和占用”仅限于“白人或高加索人”。显然，这个城市的种族鸿沟日益恶化，杰基对这种不公正现象深感愤怒。令他更心痛的是，7月10日，一名司机抢在杰基深爱的哥哥弗兰克的摩托车前插队开进加油站，致使弗兰克飞出摩托车，受重伤身亡。对于杰基而言，不仅是一位重要的支持者离世了，而且弗兰克还有遗孀和两个年幼的孩子需要照顾。

最终，在9月5日，杰基本人与帕萨迪纳的警察又因为一次很不愉快的事故发生了冲突。当时，已经在加州大学洛杉矶分校读书的杰基和他车上满载的朋友们与一名白人摩托车司机发生了争吵。车子开到一边后，一场打斗迫在眉睫，人群聚集起来了。与这件事有直接关系的雷·巴特利特因为害怕母亲知道他参与了这次事故后的反应而悄悄溜走了。而杰基拒绝让步，这是他本性使然。警察来到后，他坚称自己没错，这时他的朋友们也都消失得无影无踪。警察控告他妨碍交通和拒捕。本来是很小的事故，但是因为当时他仍处于1938年被捕而被判处的缓刑期，所以他要为先前的罪行而入狱服刑十天。加州大学洛杉矶分校官员托关系，以同意进行认罪答辩为条件要求警方将他释放。但是，由于杰基并未出现在10月18日的听证会上，这个案件最终以加州大学洛杉矶分校接受罚款而告终。随之而来的公众关注损害了他的名声，而且令一些人相信他是一名典型的一无是处且爱违法犯纪的年轻黑人——一种与实际完全不符的形象。

1939年秋，加州大学洛杉矶分校录取了近9 600名新生，其中黑人学生大约为50人，包括未来的洛杉矶市长、黑人俱乐部主席和田径队明星汤姆·布拉德利。这所大学在少数种族中间口碑极佳，部分原因是它是为数不多的公开招收黑人学生的大学之一。但是，当这些黑人学生入校之后，这里的种族歧视还是令他们大失所望。绝大多数社交活动都将他们拒之门外，他们无法获得学生书店的工作，训练军官的大学后备军官训练队(ROTC)也限制他们加入。更糟糕的是，他们缺乏成人榜样——这所学校没有黑人教职人员。这时两名毕业班的橄榄球运动员，伍迪·斯特罗德和肯尼·华盛顿，正好填补了这个空缺。这两位都是校园里的风云人物，肯尼·华盛顿的班上只有他一名学生。华盛顿热情、乐于助人、英俊、潇洒，他温和的举止与他在体育方面的勇猛大相径庭。他是加州大学洛杉矶分校的第一个全美最佳选手，在橄榄球方面极具天赋。他在棒球队的平均击球率高达0.454，这表明一旦时机合适，他定会成为职业棒球运动员。后来，他与斯特罗德在1946年被重新吸纳为职业橄榄球运动员，成了自1933年以来的第一批黑人球员。

杰基与深受爱戴的肯尼·华盛顿形成了鲜明的对比。他孤僻、不合群、容易生气。他本人不但不和善，而且在同学中间也不受欢迎。尽管他很轻松就能通过考试，但是在班上仍是一名非常普通的学生。在大一，他的两门体育课(他的专业课)成绩都是A，教育、地质学、四门历史课(其他的主要课程)、西班牙语和军事学等的成绩是C。1940年秋季那个学期，他越来越不确定为什么要上大学，所以三门体育课的成绩分别为 A、C 和 D，地质学为 C，历史为 D，军事学为 E（未修完）。作为一名走读生，他不太适应加州大学洛杉矶分校的社会环境。他除了打球之外，还做了两份兼职，一个是在学生会的克尔克霍夫会堂担任清洁工助手，负责清洁工作；另一个是在离校园不远的坎贝尔书店工作，这个书店是由两名热心的运动支持者开的，他们为加州大学洛杉矶分校的很多运动员提供了工作机会。

加州大学洛杉矶分校在 1939 年橄榄球赛季取得了成功。这一年是该校迄今为止表现最好的一年，其中包括在之后橄榄球精英赛中的表现。由肯尼·华盛顿担任四分卫、杰基作中卫，加州大学洛杉矶分校棕熊队以 6—2 的比分完胜全是白人的卫冕冠军得克萨斯基督教大学，拉开了这一赛季的帷幕。之后的一周，棕熊队来到西雅图，并以 14—7 的成绩击败了一支强大的华盛顿队，这次比赛的亮点是杰基的弃踢回攻近 60 米（65 码）。接下来上场的是由一名传奇的大二学生弗朗基·艾伯特带领并担任四分卫的斯坦福大学印第安人队。加州大学洛杉矶分校虽然与这支球队以 14—14 的比分打成了平局，但是对于前者来说，仍是一次巨大的精神上的胜利。在加州大学洛杉矶分校战胜蒙大拿大学的比赛中，杰基根本没有带球，只是担任了很称职的诱饵角色，但是他30多米(33码)的弃踢回攻表现还是让现场的观众眼前一亮。这一年的11月1日，加州大学洛杉矶分校在与俄勒冈大学的比赛获胜后发生了一件不光彩的事件，为这个赛季抹上了一些污点。在练习赛上，一名加州大学洛杉矶分校的球员故意用他的护肩撞向杰基的双腿，引发了一场混战，这令现场的教练非常气愤，下令禁止杰基参加之后的两场比赛。这次事件说明，并不是球队中的每名队员都具有种族和谐的观念。

加州大学洛杉矶分校在本赛季的最后一场比赛的对手是强大的南加州大学。两支球队都没输过，而且对于加州大学洛杉矶分校来说，这次如果能打败南加州大学的特洛伊队(棕熊队从未打败过特洛伊队)，就能证明自己如今已变得很强大。杰基表现得一如既往地出色，看过他比赛的一名体育记者曾这样形容他，“他将一枚硬币抛向空中，然后利用脚尖急剧转身后，还能再接住这枚硬币。”他的速度非常快，能在9.8秒内猛冲90多米(100码)，然而，更重要的是，这种情况下他竟然还能立刻转向，将防守员要得团团转。最后棕熊队与南加州大学以0—0的比分打成了平局。至此，加州大学洛杉矶分校以6胜0平4负的成绩结束了这个共计10场比赛的赛季，这也是该校第一个取得主场全胜的赛季。令棕熊队倍感失落的是，南加州大学最终以7胜0平3负的成绩夺得了玫瑰碗的冠军。如果杰基没有缺席两场比赛的话，加州大学洛杉矶分校一定会勇夺此冠。杰基只带过42次球，平均每场5次，但是推进距离近475米(519码)，平均每次带球推进距离竟然达11.3米(12.4码)。一旦有机会在开阔的球场展现自己的绝技，他就会有惊人表现，平均每约18米(20.07码)有14次弃踢回攻，这创造了新的大学记录。

同时，加利福尼亚之外发生的一些事正在以一种他无法掌控的方式影响着他的未来。当年9月，阿道夫·希特勒带领德军入侵波兰，第二次世界大战爆发。这件事对杰基的影响是原计划在芬兰的赫尔辛基举办的1940年奥运会被取消，他有时间去打篮球了。教练威尔伯·约翰斯比杰基更注重精湛球技的训练，但是后来他逐渐放松了这种训练。杰基在场上担任的是右前锋，靠着出色的传球、外线投篮和反应敏捷成了整个队中最优秀的球员。后来他在一次比赛中扭伤了左脚踝，所以几乎错过了所有的非联盟赛。教练约翰斯曾回忆说，"如果杰基不打橄榄球只打篮球，他可能早就成了最优秀的篮球运动员。他时机掌握得非常好。节奏更是无人匹敌。更重要的一点，他还能在适当的时机放松自己。他总是能保持最佳状态（不吸烟也不喝酒），并将整个球队的利益置于自己之上。"杰基和南加州大学的拉尔夫·沃恩竞争太平洋海岸联盟赛得分王时，以拖延比赛时间而非投篮的方式结束比赛，这表明了他更注重团队合作，由此加州大学洛杉矶分校在此赛季后期以微弱优势领先于斯坦福大学。他最后以 148 分的成绩完胜获得 138 分的沃恩，平均每场比赛得 12 分，而整个球队每场的得分通常也才有 30 多分。

1940 年春，杰基在棒球赛季发挥失常。开局有不俗表现之后，他在四局得了 4 分，盗垒 5 次（包括本垒两次），但是之后出现掉球，只接到两个击球，击球率仅为 0.097。另外，因为他出现了十次失误，在游击手位置的防守率也只有 0.907。在田径方面，由于在橄榄球赛中所受的伤影响到了他的短跑能力，他只参加了跳远项目。尽管他的教练说他体形不佳且缺乏技巧(他不够专业这点再次刺痛了他),但是他仍然以7.62米(25英尺)的成绩赢得了美国大学体育总会(NCAA)的冠军。很显然,他出色的天赋足以弥补他体形上的不足。紧接着他参加了另外两项春季常规体育赛事,并在太平洋海岸联盟赛中拿到了高尔夫比赛的冠军。他的精彩表现几乎令体育记者词穷语尽,不知道如何形容他的多才多艺和天赋,就连参加过1912年奥运会的冠军看到他的表现后,都认为他是“黑人版的吉姆·索普”。

在该校的第二年杰基在体育方面的表现出现虎头蛇尾。随着华盛顿和斯特罗德的离开,杰基站在了四分卫的位置。尽管他传球约398米(435码),跑阵约402米(440码),达阵得分五次(并且在十次额外得分中六次获得了附加分),但是,球队最后的成绩却是1胜9负。唯一一次的胜利是在与华盛顿的比赛中以34—26的比分取得的。在那场比赛中杰基完成了一次传球和两次跑阵触地得分。他在弱防线后平均每次带球只推进约3.3米(3.64码),而他在再次担当弃踢回攻手时表现却非常好,射门19次,推进约365米(399

码)，每次进攻的平均推进距离约 19 米(21 码)，打破了维持了 7 年之久的全国纪录。但是，这一年是斯坦福大学的胜利之年，弗朗基·艾伯特带领印第安人队成就了一个战无不胜的辉煌赛季，并赢得了全国冠军。杰基所在的篮球队在这一年的表现也欠佳，在太平洋海岸联盟赛(PCC)中 2 胜 10 负，全年 6 胜 14 负。杰基再次带领南方分部与南加州大学交战，在 12 场比赛中共得 133 分，每场平均得分为 11.08。最后一场比赛最为精彩，他个人得分 20 分且全队以 52—37 的比分获胜。但是比赛的总成绩最终还是输给了南加州大学。

尽管杰基处处受挫，但是他却找到了极妙的解药——他恋爱了。蕾切尔·伊萨姆，这名获得奖学金的 17 岁大一新生，与杰基这位喜怒无常的体育生有很大不同。她身高约 1.65 米(5 英尺 5 英寸)，纤瘦、漂亮，脸上总是挂着微笑。在她身边时杰基也常面带笑容，蕾切尔就是被杰基的笑容吸引住的。他注意到她常在学生会出入，便说服雷·巴特利特为他牵线搭桥。他迷上了她，并开始追求她直至她注意到他。但是，后来蕾切尔回忆说，是她先喜欢上杰基的。1940 年 11 月 2 日，杰基邀请她参加在比尔特莫酒店举办的返校舞会。这个舞会是加州大学洛杉矶分校社交日历上的重大事件之一,所以蕾切尔努力将自己打扮得漂亮些。但是,作为一个黑人女孩,她还是体会到了白人女孩体会不到的焦虑。这是她第一次受邀进入这家酒店。当时洛杉矶的种族歧视情况飘忽不定,很难预料会发生什么事,她很担心自己和杰基可能会被禁止入内,或者碰到其他尴尬的事情。但是,当晚什么事也没发生,他们很愉快地跳舞,享受彼此的陪伴。除了他因为在舞会后仅轻吻到了她的脸颊而感到有些失望之外,他们在这次舞会上玩得还是非常开心。很少约会的杰基曾多次邀请蕾切尔到他家做客,而蕾切尔也作为回报多次回请杰基到她家玩。但是两人却很少出去正式约会。然而,邀请蕾切尔而不是他在帕萨迪纳的前女友参加舞会,这成为他人生中的一个转折点。

玛丽很快就喜欢上了蕾切尔,或蕾,她的朋友都这么叫她。蕾很善良,是名虔诚的教徒,无吸烟、喝酒不良嗜好,护理专业学得非常好,而且也没与其他人交往。罗宾逊家这边非常支持他们两人恋爱。而伊萨姆家对两人关系的态度却相当复杂。实际上,蕾的弟弟非常仰慕杰基,而且她的母亲泽莱比女儿还喜欢这个未来的女婿。泽莱成长于亚利桑那州的一个富足的家庭，在塔斯克基学院读了两年书后，与一个窝囊废私奔了。但是后来这名男子将她和尚在襁褓中的孩子抛弃，那个孩子就是蕾切尔同母异父的哥哥。在洛杉矶，她成为一名以承办酒席为生的个体户。问题出在蕾切尔的父亲身上。蕾切尔的父亲查尔斯·伊萨姆是一名《洛杉矶时报》的老装订商。在第一次世界大战末在法国中过毒气而患有严重的心脏病，所以他经常足不出户。和杰基的母亲一样，他将自己的女儿看得弥足珍贵，感觉杰基根本配不上她。在他看来，杰基身上有很多缺点——运动员，学习不用功，社会阶层很低，肤色比自己更黑。杰基来他家拜访时，他满心嫉妒，在家生闷气，但是他反对的态度并未吓跑这位追求他女儿的年轻人。

起初这段关系并不稳定。蕾切尔之前只知道杰基是校园里很有名的体育明星，后来在观看他比赛时，看到他在场上单手叉腰的姿态，她才意识到他“自大、狂傲并以自我为中心”。当她对他逐渐有了更多了解之后，她意识到他只是害羞、沉默寡言，但并不冷漠，也很容易沟通。她总是尽力帮助杰基度过那些艰难而且频繁发生的比赛失利时刻,并以调侃的方式说他沉浸在失败之中不能改变任何事情。她与加州大学洛杉矶分校的其他女孩截然不同。杰基曾告诉作家罗杰·卡恩,学校里的白人女孩只对与他发生性关系感兴趣,这正颠覆了女性是性欲客体的传统。而蕾切尔不一样,她直到16岁时才亲吻了她高中时的男友,而那个男孩还加入了她的教会。她的确是个循规蹈矩的女子。这对恋人直到婚礼前一个星期才发生关系,之后两人相爱多年。

但是,即使在玛丽与蕾切尔两人的共同劝说下,杰基还是没有坚持读完大学。他已经获得了参加重大橄榄球和篮球赛事的资格,决定退学。校方试图挽留他,并为他提供经济资助,但是麦克只能从事卑微职业这件事一直困扰着他。他不确定大学学位能否帮助一名黑人找到一份体面的工作,但是,麦克正是因为中途退学才无法找到合适的工作,杰基本来应该吸取这个教训,争取读完大学并拿到学位。杰基认为自己应该找一份真正的工作以帮助玛丽减轻家里的负担,而且也可以为弗兰克的遗孀和孩子提供一些帮助。他为自己寻找各种各样的理由,但是最真实的理由恐怕是他对学习没有丝毫兴趣。他已经成了加州大学洛杉矶分校历史上最优秀的运动员，在这里他还能再有什么成就呢？他母亲的梦想是希望自己的儿子能获得大学学位，他女朋友比他对未来怀有更乐观的愿景，尽管两人都恳求他继续完成学业，但是他还是坚持自己的选择，在1941年初退学了。

第三章

在更广阔的世界受到的限制

罗宾逊离开加州大学洛杉矶分校的部分原因是他看不到一名受过大学教育的黑人在美国的未来。但还是有人给他提供了一份他相信既能使他充分发挥自身的运动天赋又能履行他认为自己应该承担的道德及社会责任的工作。尽管在大学很有名,但是他很清楚自己在社会中的地位。虽然他的教授、教练和同学给予了他很多肯定,但是他仍未认识到自身的价值。一方面,他在加州大学洛杉矶分校的经历促使他继续对未来在美国取得成功抱有希望,另一方面,美国承诺与美国现实之间的差距又令他感觉受挫。

1935 年,富兰克林·罗斯福创建了国家青年管理局(NYA),作为战胜美国经济大萧条的机构之一。该机构为 16 岁至 25 岁的青年提供职业培训、工作机会、救济，也可帮助他们脱离他们问题多多的家庭并加入全国各地的营地。4月，罗宾逊开始在位于阿塔斯卡德罗的国家青年管理局营地任体育指导员助理，就此开始了他在大学后的第一份工作。这个营地位于洛杉矶西北方向几百英里处，他每月能拿到150美元的工资。这是他第一次远离佩柏大街上的“城堡”，独自在外地生活，而且他现在已是一位名人，与当时在家乡经常挑战当局权威的少年已有天壤之别。他所任教的营地里约有100名16至18岁的少年，他的任务主要是引导这些孩子们在他们的业余时间将精力投入到建设活动中。他工作中比较轻松的地方在于加入其他同事和青年组建的营地棒球队，并担任游击手。尽管这位年轻人感觉这是上帝召唤他来帮助这些青少年走上正途并对社会作出贡献，但是起初他还是对这份工作感到失望。他最后得出这样的结论，绝大多数孩子本质上并不坏，但是他们的言行却经常表现出“怨恨、无情和冷漠”，这使他信心受挫。但是，他逐渐变得更自信起来。

这些孩子好像并无肤色偏见，这使罗宾逊的生活变得单纯。虽然，他在此任教期间也发生过一次不愉快的种族歧视事件，当时的情况是，他在一个白人朋友的强烈要求下去参加一个营地舞会，却被拒之门外。但是，总体来说，罗宾逊在此期间培养了管理能力，并在后来参战时将这种能力加以充分利用。1939 年 9 月德军侵略波兰致使第二次世界大战爆发。一年后，美国国会决定在全国范围内征募 21 到 35 岁的男人入伍。在罗宾逊加入国家青年管理局时，这个营地距离被遣散已不远。7 月份，阿塔斯卡德罗营地开始将这里的青年遣送回家，当月末，罗宾逊便开始寻找新的用武之地。

凭借出色的橄榄球才能，他被邀请参加《芝加哥论坛报》赞助的著名的年度慈善橄榄球赛，这次比赛是大学明星运动员对战全国橄榄球联盟的卫冕冠军——芝加哥熊队。在之后的被罗宾逊称之为奢侈的且各种费用全免的三周内，这些大学明星运动员并未让这些职业橄榄球运动员轻易取胜，僵局一直持续到第四节，这时出现三个触地得分，这才令熊队以 37—13 的比分在战士球场上 98 203 名球迷的见证下赢得了比赛。罗宾逊接住一个 32 米(36 码)的触地得分长传，他的敏捷令一名熊队球员赞叹道："我们唯一担心的时刻就是罗宾逊上场时。"但是，罗宾逊是黑人。赛后，海斯曼杯得主汤姆·哈蒙和其他大学明星运动员都加入了当时全是白人的美国国家橄榄球联盟（NFL），而罗宾逊只得离橄榄球渐行渐远。

回到洛杉矶后，他加入球员来自多种族但是绝大多数是白人职业球员的洛杉矶斗牛犬队，与肯尼·华盛顿所在的好莱坞熊队打了一场比赛。罗宾逊的右脚踝在他参加初级学院橄榄球比赛的第一个月受过伤，从那之后时常会隐隐作痛，这次突然作痛，最后他不得不退出比赛，站在球场边观看完了最后三节比赛。后来，夏威夷向他伸出了橄榄枝。夏威夷高级橄榄球联盟的一支半职业球队——檀香山熊队签下了他和雷·巴特利特，给了这两位年轻人并肩作战的机会。由于夏威夷天气炎热，他们都是在晚上练球和打比赛，而且每场比赛可挣 100 美元。白天，罗宾逊和巴特利特还在珍珠港做建筑工；这不但使他们能多挣些钱寄回家，也使两人免受兵役之苦，因为他们的工作被政府视为与国家防御紧密相关。尽管巴特利特能轻松应对这两份工作，但是罗宾逊却不擅长体力劳动，没过多久他不是辞职就是被炒掉了。

罗宾逊在与对手进行的表演赛中有了精彩表现之

后，就作为球队主力开始了这个共计六场比赛的赛季。约有两万名球迷观看了这个赛季的开幕赛，但是熊队却输了。尽管罗宾逊在场上的跑阵表现令人印象深刻，但是他抢断了几次，评论众说纷纭。之后，这个赛季便变得每况愈下。直到 12 月 3 日举行最后一场比赛时，先前球迷的热情已消失殆尽——仅有 600 名球迷买票观看了这场死气沉沉的比赛。两天后，罗宾逊登上了“勒莱号”回到了内陆。在这艘船驶往洛杉矶的途中，日本海军发动了那场臭名昭著的珍珠港偷袭事件。自二战爆发以来笃定地保持了 27 个月的中立之后，美国也投入了战争。

罗宾逊很快在洛克希德公司找到了一份卡车司机的工作。在黑人领导者的压力下，富兰克林·德拉诺·罗斯福在 1941 年 6 月发布了 8802 号总统令，禁止国防工业中的种族歧视。尽管此总统令仅是断断续续地被实施，但是它却意味着政府正在逐渐解决种族问题，而不是激化这一矛盾，尽管这一推进过程异常缓慢。通过为黑人提供机会，证明其有能力从事新领域方面的工作，他们有机会打破偏见与低期望值的恶性循环。罗宾逊通过这份新工作每月能挣 100 美元，他将这些钱全部用于佩柏街的家人身上。他与玛丽仍会因为玛丽的慷慨乐施而发生争执，因为几乎她的所有子女、这些子女的配偶和孙辈都居住在她的两栋房子里。在罗宾逊看来，这些年轻的后辈都在有意利用玛丽的好客。他想帮助母亲，而不是增加她的负担，而且他很努力地承担着这份责任。他报名参军时，提出了特困免税申请，一方面是因为他的脚踝，但同样是因为他自认为是母亲唯一的依靠，这样做会让她辛苦劳作的母亲感到不可思议。但是，征兵局并未批准他的申请。

当时，罗宾逊与蕾切尔的关系也加深了。蕾切尔的父亲于 1941 年 3 月去世，罗宾逊在这时给予了蕾切尔很多安慰，这拉近了他与她及其家庭的关系。尽管他大部分时间都待在阿塔斯卡德罗、芝加哥或夏威夷，但是蕾切尔和她全家都认为他承担着这个家庭中的父亲的角色。罗宾逊将参加大学运动代表队获得的运动员奖品——一只精美的手镯送给了她，两人都将这只手镯当作一种信物，视为罗宾逊对她的郑重承诺。但是，蕾切尔自己也下定决心，即使将来只能在洛克希德公司工厂旁当一名值夜班的铆工，也要完成自己的学业并取得优异的成绩。她不会为了爱情而放弃自己的学业。由于当时她还在加州大学洛杉矶分校读大二，结婚对于她来说仍是个遥遥无期的梦。但是，这对恋人很幸福地将这段纯洁的爱情关系维系了很多年。

罗宾逊继续参加体育运动。3月23日，他再次遭遇了走上体育生涯的种族障碍。芝加哥白袜队让罗宾逊和黑人投球手纳特·莫兰参加了他们在帕萨迪纳的布鲁克塞德公园举行的选拔赛。虽然罗宾逊当时正在治疗腿部抽筋，但是他的表现还是给经理吉米·戴克斯留下了深刻印象。这位白袜队领导说“他（罗宾逊）的身价值五万美元”，这句话被支持共产主义的报纸《工人日报》刊载，该报是唯一支持种族融合的白人报纸。戴克斯为民族融合辩护，并声称自己支持民族融合，而且队员们也会很开心地接受民族融合。但是，他的种族开放思想并未带来任何结果，因为美国在选拔赛当天向罗宾逊发出了入伍通知，这位年轻人的未来很快有了其他安排。4月3日，他到帕萨迪纳国民警卫队军械库报到，随后被送往了圣佩德罗附近的麦克阿瑟堡进行体检并接种疫苗。医生宣布他身体状况非常好之后，他被送到了堪萨斯州中部的赖利堡，接受为期

13周的基本训练。

自建国以来，美国军队中就有黑人士兵。独立战争期间，约有5 000名黑人参战，他们常与白人士兵在同一支部队并肩作战。南北战争中，有18万6千名黑人投身于国家统一的事业之中，起初他们主要参加体力劳动，但是最终还是参战了。战争结束后，四支黑人部队坚持代表自己的种族继续服兵役，而一些发言人则坚决抵制任何试验性建议，将之与黑人参与国事结合，视为一种威胁。第一次世界大战时，有40万零4千名黑人参与了战争，约占整个军队的11%，这与他们在全国人口中所占的比例差不多，他们努力战斗，许多人是在种族隔离的部队中战斗的。美军的将领曾总结道，这些黑人士兵并不善战，最后减少到了4 000人，而参与20世纪40年代中期战事的美军中仅有1.5%是黑人士兵。这种人数的下降是军队提供给黑人的机会减少而造成的，这也反映了整个社会对黑人的态度问题，也体现了战争中严重的种族隔离主义。

二战爆发后，全国有色人种协进会的黑人领袖沃尔特·怀特和阿诺德·希尔对于解决美国的种族困境采取了更强硬的态度。他们拒绝接受不公正待遇，并宣称不能想当然地要求黑人忠于国家，而是应该通过在国内改善对黑人的态度来激发黑人对国家的忠诚。他们取得的双重胜利，一方面是在国防工业和军队中取得的胜利，另一方面是在对抗轴心国中取得的胜利；这对黑人社会各个方面均产生了影响。但是，强大的社会环境仍阻碍着进步。绝大多数军事基地都在南方，南方白人的观念仍主宰着军队和其他地方的基地，这迫使像罗宾逊这种来自种族相对融合地区的黑人必须遵行这些种族主义者的观念。当美军在1941年3月制定其"普通分类测验"时，他们将新兵分为五类；教育成就对于黑人而言是薄弱项目，通过这一项便很不合理地将黑人士兵划为较低等级，这实际上也证实了所谓恶性循环对黑人成功造成的限制。

罗宾逊进入军队之时，恰逢美国种族隔离局势开始变得紧张。他回忆道："我当时就意识到我身处于两场战争中，一场对抗外敌，另一场则是对抗国内的种族歧视。"蕾切尔提到罗宾逊对军队中种族歧视的激烈反应让他自己都感到震惊。他在成长的过程中从未顺从地接受过种族歧视，而现在他面对的可能是全国最大的组织机构，产生冲突则无法避免。直到1939年，美军中才仅有五名黑人军官，而其中三位还是牧师。在后备军中，黑人士兵单独成立分队受白人军官指挥。海军陆战队中从没有过黑人士兵，甚至红十字会都存在种族歧视，他们会将黑人与白人的血液区分对待。1940 年，陆军部长亨利·斯廷森总结了官方观点，种族隔离可能会长期存在于军队中。种族隔离不仅有利于鼓舞士气和国家防御，而且舆论也一致认为除服务工作之外白人部队始终优于黑人部队。

尽管罗宾逊对枪支不大熟悉，但是他在基础培训中的表现却非常出色，不但用标准 M1 步枪取得了高分，还被授予了神枪手的称号。完成基础培训之后，他被分配到了骑兵部队，在这里他从零开始学习如何与马相处。然而，他与其他黑人士兵基本上都是围绕马厩处理些日常琐事。令罗宾逊失望的是，他每月将 22 美元支持津贴寄给母亲的要求被驳回。听说军中正在招黑人军官，他决定申请加入候补军官学校(OCS)——更高的收入和更多的职责使他能够为玛丽提供更多帮助。他向候补军官学校提交了申请，但是遭到了拒绝，而且也没有给出任何理由。斯廷森在另一次带有诋毁性的发言中可能正道明了其中的缘由：

“黑人天生就不具备领导才能，让黑人成为军官，领导士兵打仗只会使他自己和士兵陷入危难中。”当年秋天，重量级拳击冠军乔·路易斯怀着爱国之心应征入伍，抵达赖利堡后便与罗宾逊成了朋友。尽管这两个人在很多方面都有很大不同——路易斯受教育程度低、挥金如土且玩弄女人——但是两人却成了终身朋友。这位拳王听说罗宾逊和其他黑人被候补军官学校拒之门外之后，就给在美国陆军部的朋友杜鲁门·K.吉布森打了个电话，吉布森就乘飞机抵达赖利堡进行调查。他好像解决了这件事。很快，罗宾逊便和其他几名黑人被候补军官学校录取，并于 1942 年 11 月入学。

在赖利堡的候补军官学校，罗宾逊所在的班约有 80 名学员，这是美军历史上第一个接收黑人学员的候补军官学校班。对军官的急需促进了种族包容。很明显的一点是，战时的需要比和平时期的运动对社会变革造成的影响更大。一旦出现种族冲突，大家一致的反应都是，“难道你不知道现在正在打仗吗？”然而，种族融合的进度仍然异常缓慢。在之后的一段时间里，同一部队中黑人军官的级别不能高于白人军官，所以在既有白人又有黑人的部队中便不可能出现黑人军官。尽管如此，作为这个有历史意义的候补军官学校班中的一员，罗宾逊在 1943 年 1 月 28 日被任命为少尉。有了这个新身份，他被当成军队中的军官典范。

1943 年黑人士兵面临的最大问题是能否被允许参加战斗。尽管黑人部队先后被送往北非、欧洲，但是他们所承担的工作也仅是为前线士兵提供后援、驾驶卡车、在战线后方的总部听命、为其他人进行清理等之类的任务，从来不被允许通过与敌人开战的方式来证明自己的男子气概和爱国之心。他们的自我价值感相应受挫，再次陷入了歧视和低期望值的恶性循环。考虑周全的陆军将领意识到让黑人参与战斗构成了严重的士气问题。但是，1943 年美国在民权方面并未取得显著进步。种族歧视事件使战场内外的黑人士兵士气低落。在小石城，一名白人警察在大街上杀害了一名黑人中士。在密西西比州，一名警长射杀了一名正与白人军官发生争执的黑人士兵。二战末，在南方举行的美国劳军联合组织的演出中，白人德军战犯得到的座位都好过美国黑人士兵。

尽管存在着各种各样的不足之处，但相对于美国社会整体上极其缓慢的变化，美国军方在这方面已经算超速了。在博蒙特，一群白人暴民杀害了两名黑人，借此回应一个恶毒及毫无事实根据的谣言。6 月 20 日，底特律城因白人与涌入北方寻找经济机会的黑人之间发生的房屋纠纷而引发了一场暴乱。这是战争中最严重的暴乱，共造成 25 名黑人和 9 名白人丧生。8 月 1 日，在哈勒姆区发生的暴动中又有 6 人死亡。战争引发的激烈社会变革在一些区域遭到了剧烈反抗，军队中也不例外。

罗宾逊在赖利堡的体育场上并没有给人们留下很好的印象。1943 年春，这位年轻的中尉路过棒球场时就考虑在球队打球。一名在布鲁克林道奇队打球的队员皮特·赖泽记起了罗宾逊碰过钉子，他被告知只能为(并不存在的)黑人球队打球，只好悲伤地走开了。虽然橄榄球场上出现的是另一种情节，但结局都是一样的。担任球队教练的陆军上校想尽其所能组建一支最强的球队，并欢迎有才能的白人和黑人。他还特别要求这位前加州大学洛杉矶分校体育明星加入这支球队，罗宾逊同意参加训练。接着，眼看第一场比赛即将开赛，他却发觉自己没有申请却被批了两个星期的假期，他利用这段时间回了趟加利福尼亚。而实际情况则是这支球队的第一个对手密苏里大学声称若对方让黑人球员上场他们就拒绝来赖利堡参赛，教练努力避免了尴尬的局面。罗宾逊因教练对此问题不够坦诚而恼火，他休完假返回部队后便退出了球队，以此来表达对向种族歧视政策屈服的软弱行为的抗议。尽管后来这名陆军上校强行命令罗宾逊归队，但是他承认这样做并不能使球员发挥最佳水平，而罗宾逊从一开始就不成功的军队橄榄球生涯就此结束了。他在体育场上取得的仅有的一次胜利——如今已不清楚是不是在赖利堡获得的——还是在另一项体育运动，乒乓球比赛中获得的。

罗宾逊右脚踝持续不断地给他和军队带来了麻烦。1943年圣诞节，他被送往得克萨斯的克拉克堡接受X光检查，医生说是骨头碎片造成他持续感到疼痛。1月，他又到圣安东尼奥市的萨姆·休斯敦堡接受进一步检查，随后部署委员会认可了之前的检查结果。该委员会认为，罗宾逊的"身体条件不适合执行一般的军事任务，只能从事很有限的工作"。他"当时不适合去海外战场"，为了能参加战斗，他不得不先暂时放弃一切军人职责而去处理脚伤、住院和保险事宜。医生建议他六个月之后进行复查。

在赖利堡经过了漫长的等待之后，罗宾逊与其他11名年轻军官终于在1944年4月接到了新任务。他们被送往得克萨斯中部的胡德堡，这是一个不断扩张的基地，其规模之大让美国其他军事基地都相形失色。德国人将战争从坦克战提升到闪电战这一全新级别。而胡德堡的美国坦克营有足够大的空间使他们作出完美的演习以抵消德军的力量。这里炎热潮湿的天气使士兵倍感煎熬。更糟糕的是，黑人部队所在的区只是临时基地，最初只有帐篷，这令远离白人士兵的黑人士兵感到非常沮丧。

来自赖利堡的这支队伍被划分为761号坦克营，这个坦克营成就了一名模范司令官——陆军中校保罗·L.贝茨。34岁的贝茨来自加利福尼亚北部，曾是西马里兰学院的全美大学橄榄球队运动员。他在高中和大学打橄榄球期间从未遇到过黑人运动员。这点不但没有使他对黑人球员产生歧视，反而使他对待黑人球员非常公正。他意识到了他带领的黑人军队所面对的各种委屈及不公正的待遇，但是却能聪明地将他们的怨恨向积极的方向引导，号召大家用自己的实际行动来回应白人的歧视。受到白人军队歧视和差别对待的这些黑人士兵团结在一起，并培养出了强大的凝聚力，齐心协力要证明自己。贝茨要求他的士兵们以实际行动来回应白人对黑人的一些常见批评，如定期洗澡，保持制服整洁如新，保持皮鞋光亮照人。他的士兵变得生机勃勃，这有助于增强他们油然而生的自尊心，有利于形成良性循环，从而摆脱缪尔达尔所描述的恶性循环。

罗宾逊被任命为B连队的队长，并对军队中经常出现的这种才能与职位不相称的职位任命制度感到有些恼怒。他终于开始熟悉骑兵的工作，觉得轻松自如了，可是现在又得从头开始学习与坦克打交道。他在连队队员面前自曝弱点，坦然承认自己对坦克一无所知，还告诉队员说连队老兵将管理军中事务，这让整个连队都觉得很惊讶。事实证明这些老兵非常有能力，在罗宾逊的指引和贝茨中校的统领下，罗宾逊的连队成了761号坦克营中最强的连队。罗宾逊深知连队的高效、敏捷和团结并非他的功劳，当贝茨中校不顾罗宾逊的抗议，因他杰出的领导力而给予嘉奖时，罗宾逊觉得很尴尬。

761 号坦克营的黑人军队遭遇到的无礼之一是，在营地演习时，他们被指定为“校队”，这就意味着他们需要在演习时扮演敌军，供白人队伍磨炼作战技能。贝茨中校再次激励他的士兵尽量为“美军”制造难题以回应这种挑战。总的来说，黑人士兵不但比白人士兵深思熟虑，使用的策略也优于后者，从而致使白人军队在演习中的战败率非常高，不过这样反而促使白人军队在与德军正式交战之前提高了自身的作战技巧，也达到了演习的目的。8 月，761 号坦克营被派往欧洲，而黑人士兵想在战斗中证明自己的愿望终于实现了。第一支黑人装甲部队在诺曼底登陆后便投入了战斗，他们在此奋力厮杀了 183 天，这对于盟军最终战胜纳粹起到了关键性作用。战争的需要战胜了种族歧视。但是，杰基·罗宾逊并未参加这次伟大的战斗。

有两个因素致使他未上战场。一个是一直困扰他的脚踝问题。6 月初，贝茨中校命令罗宾逊随同整个部队前往欧洲以鼓舞士气，接到这个任务时，罗宾逊也倍感自豪。但是，他必须先拿到工伤销假许可，所以他不得不在距离基地东部 30 英里处的坦普尔的麦克洛斯基总医院来回奔波。他的骨头碎片问题再次引起了关注，在6月26日，部署委员会肯定了1月份的报告，认为他只适合承担非常有限的工作。但是，这次该委员会认定他“适合执行海外任务”。他可能需要签署一份弃权声明书，即将来不得因为此伤向军队索要赔偿金，而他也愿意这样做。他可以全副武装地投身于战场。

军方要求对罗宾逊作进一步的检查，以确定他是否需要签署弃权声明书。7月6日，他在医院接受检查，检查后便根据当地的城市公共交通座位隔离条令乘车回基地去军官俱乐部。他大约在7点30分抵达该俱乐部，并在11点左右离开。随后他跳上了胡德堡的一辆公交车，乘车15分钟抵达汽车站，他可以在这个汽车站赶公共汽车返回医院。米尔顿·瑞尼伽是个照章办事的基地司机，他总是严格遵守车速限制，在铁路平交道口停车，并按照各种规定行事。基地公交有这样的惯例：让黑人先上车，这样便于他们走向车厢尾部，从而使白人全部坐在车厢前部。如果白人乘客过多，则任何时候不管是白天还是夜晚，也不管黑人乘客距离他们的目的地有多远，他们都得下车为白人腾空间。但是，在6月份，因为在卡罗来纳州北部的达勒姆发生了一起一名白人公交司机杀死了一名黑人士兵的恶劣事件，所以军方禁止在军事基地公共汽车上实施这种种族隔离政策。罗宾逊清楚这项规定。

他上车之后，看到761号坦克营的另一名黑人中尉的浅肤色妻子弗吉尼亚·琼斯坐在车上靠后的位置，便挨着她坐了下来。车开动不久，瑞尼伽可能认为琼斯夫人是白人，就命令罗宾逊起身坐到后面去。罗宾逊拒绝这样做，并坚持坐在原处，还与这名司机进行了言辞过激的争吵。瑞尼伽警告罗宾逊到车站之后会受到纪律惩罚。几名乘客也卷入了这场争执，有人发觉罗宾逊的激烈言辞令人不快，增添了紧张局势。当公共汽车抵达罗宾逊要下的车站时，这名司机要求军警逮捕这名执拗的军官。由于罗宾逊的军衔高于这些军警，他们喊来了执勤员杰拉尔德·M.贝尔上尉来处理此事。据罗宾逊回忆，贝尔看上去非常愿意加入这场争斗。

种族隔离主义者开始担心先辈们在南北战争之后几十年所建立的体制走上穷途末路。随着他们对黑人反抗的抵制越来越激烈，他们越发担心即将失去对世界的控制权以及岌岌可危的地位。这些捍卫者无法站在受到他们歧视的黑人的角度换位思考。他们认为只有遵行种族隔离政策，社会才能和平、安宁；一旦违反了这些政策，就会带来仇恨和社会动荡。在他们看来，遵守约束、和平相处对于黑人而言应该是简单而合乎常理的。正如罗宾逊传记的作者亚瑟·曼在1950年所写的那样，只有黑人发现了国家法令及其强制执行具有压迫性。因此，在杰基·罗宾逊这起案件上，审讯人员受到一种无意识的种族隔离主义世界观的浸染，对这位中尉讨厌被恶劣对待感到很困惑。但是，罗宾逊一生都在争取别人的尊重，所以当他感觉贝尔好像根本没把他当军官时，他感到非常生气。“而我自认为是个军官，所以也应该被这么称呼。”而那名司机和其他人竟把他当做“黑鬼”。

在午夜审讯结束之后，贝尔以三条罪名起诉了罗宾逊：在公共汽车上当着一名不是他朋友的女士的面使用污言秽语，无视长官的命令（未指明具体是什么命令）和不尊重长官。但是，第一条罪很快就被撤销了，因为罗宾逊是在被质问的情况下才表现出上述行为，这在公共汽车上只能算得上是一种争执而不是事件，而且罗宾逊也有合理的理由。罗宾逊认为如果自己是那种屈服于白人权威、奴颜婢膝的黑人，贝尔在军事法庭上很可能就会撤诉。但罗宾逊完全不是这样的人。当贝茨中校拒绝认可军事法庭对他认为是模范士兵的罗宾逊的审判时，罗宾逊被调到了758号坦克营，这个营的指挥官愿意继续推进这起案件。

在这个案件被提交法庭审判之前的几周，罗宾逊写信给全国有色人种协进会寻求“建议和法律帮助”。该协会虽然拒绝给他提供律师，但是却说如果他认为审判结果不公正，他们会帮助他提出上诉。有人，可能是罗宾逊的一名同事，也给全国有色人种协进会写了封匿名信，声称这起案件是值得他们介入的案件之一。很明显，军方意识到这起案件很有可能会引发重大社会讨论，成为公共关系的梦魇。当时美国最大的黑人报纸《匹兹堡信使》用大篇幅描述了罗宾逊的痛苦经历，以唤醒黑人认识到事情的严重性。军队中的种族隔离使美国陷入了进退维谷的困境。为什么这个国家不能信守承诺实现真正的民主？美国在国外为民主而战，在国内却无法实现民主，这让人觉得尤为难堪。为了抗议将罗宾逊定为肇事者，越来越多的黑人开始闹事。而军方对黑人质疑种族隔离的反应是继续进行镇压。发动“未经官方批准的暴动”将受到惩罚——上军事法庭、入狱或开除军籍。

8月2日，军事法庭对此案件进行了四个多小时的审讯。罗宾逊后来写道，军队的司法制度往往偏向于原告及其律师。九人陪审团中有一名黑人和一名加州大学洛杉矶分校的毕业生，但是他需要打动六名陪审团成员才能被判无罪。值得称赞的是，罗宾逊的第一个律师是一名南方人，他坦诚自己无法不受自己出身背景的影响，并主动要求罗宾逊撤换律师。替代律师是密歇根的威廉·克莱因中尉，他在法庭上为罗宾逊进行的辩护非常具有说服力。他通过要求证人重述问题来使他们出现自相矛盾的证词，不但有效避免了原告及其律师根据他们的目的来陈述事实，并且将他们的前后矛盾扩大化。他传唤贝茨中校作品德信誉见证人，贝茨作为罗宾逊之前的指挥官出庭为罗宾逊作证，他强有力的证词致使原告抗议他偏袒罗宾逊。贝茨听到这种抗议后欣然承认了，而且还补充道他希望带罗宾逊去欧洲作战。克莱因将整个案件总结为“几个白人试图将他们的偏见发泄到一个他们认为‘很自负’的黑人身上”。罗宾逊为自己辩护时声称，他是在维护自己的尊严，并说“我是个黑人，但绝不是个黑鬼”，他祖母曾说过“黑鬼”是指称卑微没有教养的人。这种争取别人尊重的证词打动了陪审团。陪审团宣布罗宾逊无罪。

即使在最好的情况下，异地恋也会变得很艰难，而罗宾逊的军事审判和苦难也使他与蕾切尔的关系如过山车般起起伏伏。接到任命之后，罗宾逊在 1943 年 3 月获得了假期，于是他去了旧金山。蕾切尔当时因为护理专业成绩非常优秀已从加州大学洛杉矶分校转学到了加州大学旧金山分校。在旧金山，罗宾逊送给了蕾切尔一枚小钻戒，两人正式订婚了。然而，蕾切尔并不急于嫁人——她努力做个好孩子、好女友、已故父亲的好女儿和好学生。而一旦嫁人，她就要努力做个好妻子，婚姻势必会影响到她的学业。罗宾逊在部队时每天都会给她写信，如果他们结婚了，她会担心有压力，这是罗宾逊所无法理解的。自 1942 年秋天来到旧金山后，蕾切尔时常会对两人的未来抱有怀疑。当她的舍友与城里面的军人风流快活时，她总是坐在宿舍，忠于男友。由于罗宾逊是她的初恋，她总是认为自己经验不足，无法确定罗宾逊是不是他的真命天子。

1943年秋天，蕾切尔写信给罗宾逊，告诉他，她想加入少年团(一个军事组织)，这样她每月就能拿到20美元的补贴并得到一件暖和的法兰绒外套，而且毕业后也能从中退出。这封信把罗宾逊吓坏了，因为他清楚他周围的士兵谈到穿制服的女人时总将其当做生活不检点女性的象征，他害怕蕾切尔会堕落。他要求她打消这个念头。令他失望的是，蕾切尔没有同意，并把他送的手链和戒指退了回来以示自己是认真的。罗宾逊决定不再插手之后，开始和其他女人约会。尽管他说他只是逢场作戏，但是那年秋天他差点和另外一个女孩结婚。他将原来送给蕾切尔的宝石手链送人了。1944年2月，他因为淋病需要回军队的诊疗所接受治疗时，他感到彻底解脱了。在那次军事法庭审判结束之后，他获得了假期，于1944年9月回到了老家帕萨迪纳，但是并没打算给蕾切尔打电话。他母亲比他明智，强烈要求他放下自尊心给蕾切尔打个电话。很显然，蕾切尔接到他的电话很高兴，罗宾逊跳上车便奔向旧金山。在旧金山，两人和好如初，并恢复了婚约。当时蕾切尔已经读到护理专业第五年，马上就要毕业，所以结婚对于她来说已不再是遥遥无期了。

那次军事法庭审判之后，罗宾逊在医院待了很长一段时间。在他被除队时，761号坦克营早已出发，他错过了他们所乘的那艘船。1944年11月28日，杰基·罗宾逊“因身体条件不达标……被准予光荣退役”。从字面上看是荣誉退役，但实际上，军方将这种退役归为次级退役。以这种方式退役就拿不到退伍军人福利。军方只是为了省事，就这么打发掉了这位“惹事生非者”。若挑战军队种族隔离政策的黑人违反了这种政策，并被要求以这种方式退役，则在以后通常很难找到工作。

杰基·罗宾逊在美国军队中一共待了31个月，在他退役时，他决心一定要为黑人寻求公平，而且这次的决心比以前任何时候都更强烈。在危急关头——如那次军事法庭审判——他的基督教信仰一直支撑着他，使他表现出异乎寻常的冷静。他真心相信上帝在看着他，并用这些磨难来锻炼他。他也相信上帝将降大任于他，但是他目前还不清楚具体是什么。

第四章

在棒球方面受到的限制

接下来的几个月，罗宾逊对未来仍感到迷茫。但是，他很快找到了两份工作，虽然挣的钱还是负担不起结婚的费用，但是填饱肚子是没有问题的。他在布雷肯里奇堡等退役证书时，偶遇了前黑人联盟投球手泰德·亚历山大。亚历山大告诉他，堪萨斯城帝王队正在招球员。罗宾逊给这个球队寄了封信询问具体情况。如果他能在春训选拔赛上入选俱乐部，球队愿意提供给他每月 300 美元的工资。他坚持认为 400 美元是更合适的工资，令他吃惊的是，帝王队同意了并通知他在 1945 年 4 月到休斯敦参加春训。

与此同时，他回到帕萨迪纳后，又接到了他之前的牧师卡尔·唐斯的录用信。唐斯现在是胡德堡以南约 60 英里的得克萨斯州奥斯汀市的塞缪尔·休斯敦学院的校长。唐斯在罗宾逊接受军事法庭审判期间一直给他精神安慰。如今他们学院急需一名篮球教练，所以他邀请罗宾逊接受这份工作，同时还为他提供了完成大学学业的机会。唐斯的想法正中玛丽的心意。罗宾逊在母亲的鼓励下，迅速接受了这份教练的工作，去了得克萨斯。

然而，罗宾逊发现塞缪尔·休斯敦学院与加州大学洛杉矶分校相去甚远。这所建于1876年的学院以一名早期捐助者的名字命名，奇怪的是，这个名字的拼写与该州的两位代表性人物的名字极为相似，现在是由联合卫理公会赞助的一所奋斗中的黑人学校。不夸张地说，它与其他几所弱小的大学一样在战争中受创严重。如今入学人数已下降到300人左右，而其中男生只有三四十人。但是，唐斯给休斯敦带来了一种新的活力，他在当地国会议员林登·贝恩斯·约翰逊的帮助下促成了一项宏大的建设项目。此外，教职工微薄的薪水也反映出用于经营学校的资金非常有限，而且对于罗宾逊这样急于结婚养家的年轻人来说，这份工作不是很好的选择。虽然第一次练习课只来了7名学生，而且他们中间有些人甚至没有篮球方面的经验，但是罗宾逊仍然表现出了出色的执教能力，成功地训练出了一支合格的篮球队。在西南联合会偶尔安排的比赛中，这支篮球队完胜其他黑人学校，如格兰布林大学、南方大学、主教大学、威利大学、普雷里维大学和阿肯色农工大学等，并以 61—59 的比分险胜上届卫冕冠军主教大学。季末，罗宾逊还是南行来到了休斯敦，专职打职业棒球。很显然，拿到大学学位对他没有太大吸引力。

棒球场上的种族关系也反映了自南北战争结束后的几十年间整个美国社会的种族关系。美国在重建时期试图平等对待各个种族，而且在 1890 年之后更是加速了这种种族问题改革的步伐，南部地区通过法律、北方地区通过非正式条例，都致力于逐步取消种族隔离政策。美国在 1917 年参加第一次世界大战时，黑人几乎没有位于高位的。1896 年，最高法院通过了“隔离但要平等”的宪法。当然，“平等”的解释权归白人所有。由于实施排资论辈制度的国会中的大部分议员和参议员都来自一党专政的南方，他们并不愿意推翻这种等级制的种族结构。此外，如上文所述，甚至进步主义的总统也具有种族歧视倾向。这种种族隔离制度允许使用私刑，拒绝为黑人提供工作和住房机会，在教育机会的分配上也是最后才考虑黑人。而最令人沮丧的是，黑人在白人的剥削下连起码的人身安全都无法保证——白人很可能进一步限制他们的权利。到了20世纪20年代，种族歧视已成了美国的一种重要特征。很多美国种族关系批评者主张，在当之无愧的国球——棒球方面具有挑战性的黑人可以为更广泛地打击战后的整个种族隔离制度打好基础。因此，推动取消棒球中的种族隔离具有强有力的象征意义，成了整个社会即将变革的预兆。

棒球运动始于19世纪40年代，一直都是一种绅士游戏。最初它只是一种单纯的运动，但是后来人们逐渐重视起它的竞技性和球员的才能。1859年，棒球运动员们组织了全国棒球运动员协会，其中也有一些黑人会员。但是当前奴隶要庆祝解放时，1867年颁布的规定则明文禁止黑人加入该协会。这种限制黑人入会的规定最令人吃惊的一点是，这是通过书面文件制定的正式规定，与后来只是根据君子协议所形成的非正式歧视制度有很大不同，前者反对起来更加困难。1876年，美国成立了全国联盟，也就是后来非常著名的“棒球大联盟”，根据当时的君子协定，此联盟也不接受黑人。但是，全国联盟没有权利规定非他们举办的其他棒球比赛也不允许黑人参加，而其他联盟对黑人的歧视相对较轻。19 世纪 80 年代，约有二十多位黑人在有组织的棒球比赛中打球。其中有两位在美国协会打球，这个协会于 1882 年成立，在它存在的十年间一直都是大家公认的大联盟。1884 年，摩西·弗利特伍德（“弗利特”）·沃克在 42 场比赛中担任托莱多队的接球手，而他哥哥威尔岱在 5 场比赛中担任这个队的外野手。但是他们的辉煌时刻转瞬即逝。

黑人球员在小联盟中的表现要更好一些。第一位黑人职业棒球员是巴德·福勒，具有讽刺意味的是，他来自距离棒球神秘发源地纽约州库珀斯敦镇仅有几英里的普莱思堡。他从 1877 年开始打棒球，后来在各种联盟、各个球队的各个位置共打了 15 年比赛。这种黑人球员的热潮在 1885 年与 1886 年达到顶峰，当时约有 20 名黑人球员在小联盟打球。但是，在 1887 年赛季中期，国际联盟宣布不再与黑人球员续约，当时宾厄姆顿的特许球员福勒正在该联盟打球。尽管福勒的击球率高达 0.350，但还是被解雇了。之后他在各种更低级别的小联盟里断断续续又打了几年球，直到1892年才退役。但是，福勒从具有传奇色彩的体育明星到后来成为现实版的种族排他主义牺牲品的经历，恰好证明了黑人在体育界地位的下滑趋势。有几名黑人球员一直坚持到19世纪末，而一些黑人球队在19世纪90年代则在非白人小联盟打球——吉米·克拉克斯顿甚至一直以美国原住民的身份打到1916年，直至他的出身被曝光。就这样，从进入20世纪之后，有组织的棒球比赛中的球员都是白人。

黑人不能与白人球员打球，便开始组织自己的球队，1885年成立的古巴巨人队便是这样的球队。经历了19世纪90年代中期的压制之后，只有一支球队留存下来，但是，在20世纪的前二十年，芝加哥和纽约/费城逐渐成了黑人棒球运动的两大中心。黑人球队没有联盟，这些独立的球队一次组织一场球赛，并在该地区进行巡回比赛，他们从行程到对手等各方面都是临时决定的。有时，他们也与白人球队对战，这些白人球队中也有希望在其赛季结束后仍能挣些外快的大联盟球队。

1920年，前投手鲁布·福斯特组织了一个黑人国家联盟，从而给黑人棒球的混乱状态带来了一些改变。这个新联盟在福斯特的专制统治下于20世纪20年代达到顶峰，并造成一个对手联盟——爱德华·博尔登的东部有色人种联盟的出现（1923年）。从1924年到1927年，这两个联盟的冠军球队举行了黑人世界大赛来竞争总冠军。但是，东部有色人种联盟在1928年便倒闭了，而美国黑人联盟只存在了1929年一个赛季。后来，福斯特在1930年去世了。缺少了福斯特的支持与领导并在美国经济大萧条的重创下，黑人国家联盟在1931年赛季之后便不复存在了。1932年，独立的球队试图重组一个新联盟——东西联盟，但是它在首个赛季还没结束时便夭折了。1933年，匹兹堡克劳福德队的老板格斯·格林利重组了一个新的黑人国家联盟，并增加了最具吸引力的东西全明星赛。这个球赛首次出现的同时，一些大联盟也在举办它们自己的全明星赛。这表明在经济大萧条时期国家需要通过各种方法来增加财政税收。1937年，新的黑人国家联盟鼓励球队重组，使球队在中西部和南部比赛，而国家联盟则在东部打球。黑人联盟棒球赛在20世纪40年代达到全盛时期，在1942年至1948年的世界大赛中时常会夺冠。

黑人比赛的水平几乎与三A级球赛不差上下。毫无疑问，顶级黑人球星萨奇·佩吉、乔什·吉布森和库尔·帕帕·贝尔是有能力进入大联盟并成为那里的明星球员的。但是，一支黑人球队只有17或18名球员，而不是如大联盟一样可以有25名。这种人员的不足使得他们的竞争力稍逊色于后者。黑人球员的薪水也仅是大联盟球员的一半，在战争期间，一般每月为125美元至300美元不等。打球的风格是通过触击、进攻性强的跑垒、盗垒和本垒打来打界外球。但是，后来贝比·鲁斯开创了新的风格——难度刁钻式打法。在以打界外球为主的时期，黑人使用磨损的球，这样易于用球击中击球手的头部，来惊吓后者。这在击球手开始戴头盔之前是很危险的行为。裁判的素质不高，所以，也难怪联盟付给他们的薪水很低，允许球员辱骂他们，有时甚至会在比赛中间或赛后遭受攻击。每支球队每年大约要打200场比赛，但其中仅有三分之一能计入积分榜，他们试图去决定哪些球赛能积分。这件事甚至令最仔细的统计员都头疼。黑人球队，尤其是1930年的堪萨斯城市帝王队，为了能多吸引些观众做了各种各样的努力，他们是最早在晚上举行比赛的球队，就是为了能让人们在下班后的凉爽的夏日傍晚也能来观看棒球。这些黑人用便携式灯具为在晚上举行的比赛照明，一直到五年之后，大联盟才开始也在晚上举行比赛。

大联盟和几乎所有小联盟参加的有组织的棒球比赛很难接受黑人联盟。本来白人球队在季后巡回赛中与黑人球队对战的情况很普遍，但是，在20世纪20年代末，执行长蓝地斯对此下了禁令。蓝地斯下令，允许白人全明星球队参加巡回赛，但是各大联盟球队不得参赛。原因是他们经常会输给被他们视为低自己一等的黑人球队，这令大联盟很难堪。由于黑人联盟在大型联盟棒球场的主要承租人不使用这些球场时在其上举行了很多比赛，所以他们为这些大联盟贡献了很多收入。出租球场成了大联盟老板们的另一种稳定收入来源，因为他们自己的球队吸引不了这么多的球迷。但是，即使这种双赢的交易也受到了种族歧视的影响，例如，黑人球员被禁止使用球场内的更衣室或淋浴室，这使得他们感到很不受欢迎。尽管存在着各种各样的困难，但是黑人联盟在二战期间的经济效益还是达到了顶峰。1942 年一年就有三百多万球迷观看了他们的比赛，二战快结束时，棒球成了美国黑人所经营的最成功的事业之一。

堪萨斯城市帝王队属于黑人美国联盟，当时这个联盟里还有来自芝加哥、伯明翰、孟菲斯、圣路易斯、辛辛那提和克利夫兰等城市的球队。在这些球队中间，帝王队战绩最佳。这支球队的老板是一个名叫J. L. 威尔金森的白人，他因慷慨与有远见而很有名气，而且堪萨斯市的黑人社区为给他们带来骄傲与自豪的帝王队提供了坚定的支持。这些球员将自己视为绅士而不与其他球队中的球员苟同，虽然他们的素质远不及罗宾逊。但是，帝王队的卑劣商业活动还是使罗宾逊很不爽。球队与球员没有合约，只有口头许诺或一封说明薪水的信函，更别说保险和安全保障了。罗宾逊有理由怀疑并反感他们这种散漫的行为。1937 年，他与纳特·莫兰曾以每场比赛 20 美元的工资加入帕萨迪纳的黑人联盟队打巡回赛，但是后来发工资的人并未支付给他们工资，还人间蒸发了。联盟球队经营的草率与加州大学洛杉矶分校或军队中的球队形成了鲜明对比。

罗宾逊对加入帝王队并不感到兴奋。一方面，6月份蕾切尔将要毕业，她对于罗宾逊长期在中西部各处忙于球赛而没时间陪她而感到不快。她长期以来所期待的稳定生活仍是个未知数。但是，罗宾逊当时收到的工作邀请函并不是很多，所以每月400美元的工作对于他这位急于挣钱糊口和结婚的年轻人来说还是很有吸引力的。他并没有打算一直待在黑人联盟，而仅是将其当做短期的一个跳板。这是份低薪且没有前途的工作，虽然他刚涉足棒球，但是却很清醒地意识到自己在这方面的才能远不及橄榄球或篮球。

他到休斯敦的帝王队报到，令他吃惊的是，这里的“春季训练赛”并未关注于灵活性、力量和技巧的训练，而仅仅是普通的球赛而已。在训练的第三天，这支球队来到了圣安东尼奥市的凯利机场。罗宾逊很快便上了赛场，因为当时的游击手杰西·威廉斯受了伤，这为他提供了一次很好的表现机会。他还是需要在整个球队为自己赢得一席之位，并证明自己完全能胜任这份工作。他遇到的最大困难就是他的右臂臂力不是很大，无法灵活将捕球进行长传，这对于他未来成为游击手也造成了困难。然而，他后来通过快发弥补了臂力的不足。最终，他打完了整个赛季，并表现得非常出色，尤其是在击球方面。他带领帝王队取得了击球率高达0.345的好成绩，并在该球队的62场正式比赛（他们另外还打了40多场比赛）中共上场45次。他表现出了强大的力量，完成了10次二垒打、4次三垒打和5次本垒打，并利用自己的敏捷和计谋成功盗垒15次。此外，他还赢得了在著名的东西全明星赛中担任首发球员的机会。当这支全明星队在6月底抵达华盛顿特区与霍姆斯蒂德古雷斯对决时，当地报纸是对罗宾逊，而不是萨奇·佩吉，进行了特别报道，以示对他的敬意。

罗宾逊试图融入这支队伍，告诉那些老球员他在此是为了学习，并努力对他们通过经验而积累的智慧表现出敬意。但是，他的秩序感和分寸感与黑人联盟球赛的特点有些不协调。尤其在表演赛中，球队想打得轻松、马虎些，在场上的激情也是时有时无，有时甚至在六局或七局之后便结束比赛。这种松懈的比赛方式令在场上时刻都保持斗志的罗宾逊很不适应。在球场之外，他“就像妓院里的一名刻板女教师”。令他震惊的是，其他队友总是喝得酩酊大醉，在球赛之前也不好好休息，周旋在各种女人之间，并以此为乐，就像萨奇·佩吉所说，他们认为这是在“体验社会”。而另一方面，他的这些队友则认为他的一些诸如将性视为道德问题及尊重女性的想法有些古怪。他打算与蕾切尔结婚但至今还未与她发生过性关系的事让一些队友感到非常惊讶。鉴于他与队友之间的种种不同，难怪他在这个赛季结束时对黑人联盟仅有的一点热情也荡然无存了。罗宾逊对黑人联盟的评价与在布雷肯里奇堡的热情洋溢的泰德·亚历山大的看法相反，罗宾逊称这些联盟只是“一种挣钱的痛苦方式”。他很不理解，为什么这些球员愿意将大把的青春浪费在这种备受歧视且看不到希望的联盟上，然而他意识到他们没有更好的选择。他曾描述过球队的一次旅程，当时球队是在星期天晚上离开堪萨斯市的，大家在汽车上睡了两晚后于星期二早上抵达费城，然后在当晚连赛两场之后，在第二天的清晨再次上路。他对球队的旅行条件感到非常不满。想得到像样点的食物或住宿总是很难。球队甚至连住白人旅馆的念头都没有。他们几乎从未吃过惬意的热饭热菜。他为其他球员木然接受种族歧视的行为感到痛心疾首，这种痛苦一直折磨着他，随时都有可能爆发。有一个不确定是发生在密西西比还是俄克拉何马的故事正说明了他当时的痛苦经历。当时,球队正在一个加油站加油,这时罗宾逊想去卫生间,却被加油站的工作人员告知不准他使用,他生气地说道,"把加油管抽出来,我们不在你这加油"。面对罗宾逊这种强烈的反击,这名工作人员认输了。这种道德上的义愤表现对于罗宾逊而言是再正常不过的了,他认为其他球员只是在面对侮辱时失去了愤怒的感觉。

种族隔离对美国造成的影响很大。部分原因是种族已成为解释社会问题的默认原因,而其他经济因素却被忽略了。同为黑人的罗宾逊与队友之间的紧张关系正反映了他们在受教育水平和对人生期待上的不同。罗宾逊有着根深蒂固的中产阶级价值观和意识,所以他感觉自己与其他受教育少、更低阶层的黑人格格不入。他认为上帝赋予他重任的观念使得他无法忍受自己那些无崇高理想、贪图享乐、安于现状的同胞们。在球队中的其他人眼中,罗宾逊就是一个彬彬有礼的大学生,因参军而风度翩翩,不愿意接受二等公民的身份。而在罗宾逊的眼中,这些队友则缺乏纪律、轻佻、盲目乐观。

最后，他认为黑人联盟的球员和老板与白人棒球队是同谋，企图维持种族的隔离状态。黑人似乎愿意接受白人不愿意要的一些垃圾，并且丝毫没有想改变现状的念头。他一直在告诫他的队友，他们应该时刻准备着，说不定哪天他们就能签约进入白人棒球队，并在有组织的棒球比赛中作战。但是这些队友不像罗宾逊那么有雄心和自信，他们认为这种事根本就不可能发生。然而，萨奇·佩吉并不认为种族融合有什么好处，尽管种族之间和睦相处是有可能的，他提醒那些为种族融合而抗争的黑人记者，“当这些有色种族球员中的一位被多次羞辱激怒时，他会拿起球拍就朝对方头上砸去，根本不会理会两者之间的交情”，这就是种族融合所面临的障碍。佩吉是一个鲜活的成绩斐然的黑人代表，但是他并未打破黑人顺从的刻板印象。但是，罗宾逊做到了。

有组织的棒球赛在偶尔屈尊讨论种族融合问题时，也总是宣称支持现状。这种态度始于最高层人员。棒球理事长堪尼索·芒汀·兰蒂斯在1920年使棒球这项运动摆脱了黑袜丑闻（美国芝加哥“白袜”职业棒球队的八名球员在1919年棒球世界大赛中涉嫌参与赌博，故意输给辛辛那提红人队）的影响。兰蒂斯是一位非常有名的法官，他使公众相信他是以智慧、勇气及公正态度在经营棒球运动并追求利益最大化。实际上，他不遵守合法程序并且非常武断，然而鲜有人注意到这一点。但是，在棒球方面，他被赋予了独断权，没有哪个球队的老板敢挑战他的权威，包括他那种强烈且固执的种族隔离观点。兰蒂斯与当时某些德国领导人有些相似，扯着"弥天大谎"，并反复重复着同一个谎言直至公众丧失判断力。1942年他撒了这样一个谎："没有正式或非正式的条文，或者任何未成文的、秘密的协议或者其他文件，规定反对有组织棒球队聘用黑人球员"。由于这种排斥黑人的政策从道义上讲是站不住脚的，所以他直接否认了它的存在，就此敷衍了对种族隔离并不怎么上心的民众。

在一些对现状持批判态度的评论者的压力下，棒球发言人给出了三条捍卫种族隔离政策的可疑的理由。第一，正如波士顿红袜队总经理埃迪·科林斯常说的，黑人不想进大联盟，他们待在黑人联盟更开心并且挣的钱也更多。第二，《体育新闻》杂志在1945年11

月1日上发表过这样的评论："黑人球员进大联盟没有可能。"他们未参加过小联盟的季赛。有组织的棒球赛一方面禁止黑人球员加入小联盟，另一方面又要求只有参加过小联盟的球员才能参赛。这种自相矛盾的规定导致了黑人无法进入大联盟。最后一条更是看似合理但实际很荒谬。那就是，大联盟中南方人很多，种族融合会引发叛乱。20年代的几位白人球星，包括特里斯·斯毕克、罗杰斯·霍恩斯比和加比·斯特利特，告诉记者弗雷德·里布说，他们是三K党成员，霍恩斯比和艾尔·西蒙斯则拒绝在聘用黑人的巡回球队中打球。

当黑人球员被问及是否愿意在大联盟打球时，绝大多数都表示非常愿意，虽然他们对这种可能并不抱有什么希望。对于黑人能力不足的说法，显然是无稽之谈。事实上，在表演赛中黑人队经常将白人队打败，最终还导致兰蒂斯下令禁止白人球队参加巡回赛。白人球星，如迪兹·迪恩和乔·狄马乔就曾说过萨奇·佩吉是他们见过的最优秀的投球手，而且也有其他黑人球星被这么称赞过。如果黑人加入大联盟，南方白人真的会发生叛乱吗？1938年，《匹兹堡信使报》在运动员之间就种族融合问题发起了一项投票,结果四分之三的投票者都支持种族融合。如果一些傲慢的南方人以退出来抗议,他们很快就会发现,要想在其他行业找到薪水差不多的工作是相当困难的。考虑到自身的经济利益,他们很快就恢复了理智。为反对种族融合寻找合理的理由被证明是非常困难的,所以,兰蒂斯就以宣称并不存在排斥黑人的政策来维持现状。

大联盟和黑人联盟球队的老板都想维持种族隔离的现状。一方面,两者分开打球能保证黑人联盟老板们的经济利益和投资回报的稳定性。另一方面,大联盟将球场租给黑人联盟能赚取不少的租金。此外,这些大联盟老板通过黑人的分布情况也能得出这样的结论:种族融合不会给他们带来更多的经济利益,反而会使他们的经济收益大幅下降。美国四分之三的黑人都居住在南方,但只有圣路易斯、辛辛那提和华盛顿的球队偶尔会到南方打球,这就意味着支持多种族联合式大联盟的黑人球迷不是很多。这些大联盟老板又给出了另一条貌似可信的理由:一些白人观众对于种族融合的反对情绪很激烈,这会导致他们的球赛上座率大幅下降,门票收入也可能会损失不少。

大联盟棒球队反对种族融合的另一个强有力的缘由是，这是他们的习惯性行为。北方的白人都知道，至少在潜意识中清楚，棒球运动是排斥黑人的，但是大众都在有意回避种族隔离这个问题。观看比赛时，观众不会看到赛场上没有的人，而会看到在赛场上的人，并关注他们。只有在种族融合真正出现在他们面前时，这些白人球迷才意识到他们之前所忽视的问题。同样，白人球迷几乎没有意识到黑人联盟的存在，而且由于除黑人出版物之外，没有白人报纸或杂志报道过这些黑人球队或球员，所以球迷们根本不知道这些隐形球员的高水准。因此，这种种族隔离制度并未受到白人的压力。以他们的逻辑来看，如果它一直都存在，那也就没有必要改变。

尽管种族隔离有官方解释并且是习惯使然的观念，但是，在棒球组织内还是出现了一些不同的声音。1938年，华盛顿参议员队的老板克拉克·格里菲思表示，种族融合并不是遥不可及。全国联盟主席福特·弗里克和芝加哥小熊队的老板菲利普·里格利都认为种族融合是历史大势所趋。一些球队经理也表达过一些希望种族融合的想法，如白袜队经理吉米·戴克斯在 1942 年就曾在帕萨迪纳举行的选拔赛上对罗宾逊说过“你要是白人就好了”之类的话。

1940 年前后，匹兹堡海盗队成了第一支打破种族障碍的球队。他们引入了两支著名的黑人球队——匹兹堡克劳福德队和霍姆斯蒂德古雷斯队（该队在 1940 年迁到了华盛顿特区），并向球迷展示了一些非常优秀的球员，如一垒手巴克·伦纳德和捕手乔什·吉布森。海盗队的老板威廉·本斯旺格在 1939 年和 1940 年都曾公开说道，他赞成接纳黑人球员，这是美国精英主义使然。1943 年，他计划为三名黑人球员（包括年轻的捕手罗伊·坎帕内拉）举行一次严格的选拔赛。但是，迫于未被提及的某种压力在选拔赛即将开始的前一刻他又将其取消了。在种族融合已完全实现之后的 1950 年，本斯旺格也说过，他想签下伦纳德和吉布森，但是古雷斯队的主席卡姆·波西却从中阻扰，他害怕黑人联盟会走上灭亡。若当时海盗队真的签下这两个球星，则他们一定会在全国联盟中大有作为。同样，克拉克·格里菲思本来也可以通过这种方法使自己的球队转亏为盈。1943 年，他邀请伦纳德和吉布森到首都华盛顿与他会面，并问他们是否愿意进大联盟打球。当时，格里菲思说这样可能会摧毁黑人联盟，因为球员是他们的筹码，但是能进入大联盟对于他们黑人球员来说仍是更好的选择。但是，格里菲思和本斯旺格一样，最后还是没有与这些黑人球星签约。

1943 年，小比尔·维克，这名经营棒球运动近 40 年之久的特立独行的棒球队老板，促成了黑人球员进入大联盟这件事。维克是芝加哥小熊队老板的儿子，十几岁时的他是个严肃、拘谨且保守的男孩，而在 29 岁时却完全变成了另外一个人："充满活力、不拘礼节，且喜欢打破传统。"他使密尔瓦基酿酒人这支小联盟队在 1941 年和 1942 年取得了巨大成功，另外还秘密策划了一个计划，并竭尽全力试图实现它。据维克自己所说，费城费城人队的老板格里·纽金特想甩掉他这支排名第 17 的球队。维克设法找到了经济支持并使纽金特同意他买下这支球队。他计划在这支球队里储备一些黑人球员，试图在 1944 年使其一举成名。出于礼貌，他到兰蒂斯位于芝加哥的办公室与这位不表明态度的理事长分享了他的想法。第二天早上，维克到费城准备与纽金特完成交易时，才发现全国联盟接管了这支球队，后来却以维克所出价格的一半卖给了威廉·考克斯。(一年后,考克斯因为利用这支球队赌博而被免职。)难道是兰蒂斯破坏了这场交易?维克没有证据,说道:“我只能这样猜测。”尽管有很充分的间接证据,但是历史学家至今仍认为这是个谜。然而,在第二年的11月份,兰蒂斯最终还是以他“最无私的行为”促进了种族融合事业的发展——78岁时,他的身体垮了,后来死于心脏病。种族融合最大的拦路石不复存在了。此时,两种种族融合的趋势影响到了另一名勇于接受挑战的企业家——布兰奇·里基,里基后来成了种族融合斗争中起决定性作用的关键人物。

第一个趋势是来自媒体,或更确切地说,是来自两份对立的报纸之间的斗争。美国共产主义报《工人日报》对于种族隔离的现状持强烈抨击的态度,并设想若美国共产党人能改变棒球的现状,他们也能给整个国家带来革命性的变化。《工人日报》的总部设在纽约,他们在1936年开设了体育版,当年,杰西·欧文斯(和麦克·罗宾逊)在柏林奥运会上勇夺田径项目的冠军,轰动了世界体坛。莱斯特·罗德尼以体育编辑的身份接管了这个体育版,并在近十年间不遗余力地为棒球的种族融合而战。作为一名犹太人,罗德尼能准确辨识出社会中受剥削阶级被压迫的现象，然后以激情洋溢的文章对其进行报道，而且还能理智地为少数种族争取平等的权利。此外，他也是道奇队的球迷。随着时间的推移，他在种族融合斗争上的注意力慢慢转移到了他最喜爱的球队上，这支球队是一支与“名门”洋基队或“无名”巨人队（纽约的另外两支球队）完全不同的球队。

罗德尼与其他黑人媒体同仁并肩为种族融合而战，如《匹兹堡信使报》的温德尔·史密斯；在1944年成为《巴尔的摩非裔美国人报》体育编辑之前，一直为芝加哥和华盛顿的黑人报刊撰写文章的萨姆·莱西；位于哈勒姆的共产主义报《人民之声》的乔·博斯蒂克，他们是最有名且最有影响力的黑人作家，他们本身就是种族隔离的受害者。史密斯曾在高中时期以1—0的成绩拿过美国退伍军人协会冠军赛的投球冠军，但却被告知因为他是黑人，该协会不能与他签约，他们最终签下的是与他同队的捕手和对方球队的投球手，这两个人都是白人。他是深受种族歧视伤害而为种族融合而战的人。这些作家一方面鼓动社会变革从而摆脱白人对美国的统治，另一方面，在1938年还组织了面向大联盟球员和经理的民意调查，结果发现绝大多数人都支持种族融合。他们还散发了很多要求打破棒球界的种族界限的请愿书，并在获得了一百万民众的签名之后，在 1942 年递交给了兰蒂斯。

1945 年 4 月，博斯蒂克对大联盟声称因为“没人这样做过”所以根本不存在种族融合这件事的说法感到非常气愤，于是便与另外两名年长的黑人联盟老运动员冲到位于纽约市熊山的道奇队战时春季训练营，要求参加选拔赛。里基一阵愤怒，允许为他们举行象征性的选拔赛，但是对博斯蒂克说，他是以作秀的方式来达到自己的目的，自此往后不会再与他说话了。1945 年赛季前，莱西在《黑人棒球报》上以一种稍微谦和的态度推荐了最有资历进入大联盟的黑人球员，以便有勇气的白人老板能签下他们。其中就包括杰基·罗宾逊，莱西认为他是“棒球界种族融合的最佳试验人选”。早在六年前，罗宾逊还在加州大学洛杉矶分校读书时，罗德尼就曾这样说过他。

不幸的是，棒球界每个人都会阅读的《体育新闻》继续阻扰着种族融合的进程。它在 1945 年表示，黑人没有能力进入大联盟，这也仅仅是它对种族融合发展的负面描写之一。该报在圣路易斯发行，这里是大联盟所在的最南端的城市，毫无疑问它的地理位置决定了它对种族融合持沉默态度。但是它同样对种族融合充满恐惧，如在1942年，它就发表过这样的评论：“棒球队中有各种族的球员既不利于黑人也不利于白人，因为很可能会有事端发生”。《体育新闻》反映并夸大了棒球组织对种族融合的保守态度。它以自命不凡和顽固的姿态要求稳定，而煽动者们更表现出了美国白人对两种事情的恐惧——共产主义革命和黑人叛乱。保守主义者不愿意倾听民众要求改变的声音，这似乎一点也不奇怪。

媒体只是促使布兰奇·里基成为棒球界种族融合斗争中关键性人物的因素之一。另一个因素是政治因素。在波士顿，政治策略对种族融合带来的影响很小。理想主义市议员伊萨多·穆奇尼克对棒球界存在的不成文的种族隔离规定非常不满，威胁红袜队和勇士队，如果他们连一次选拔赛的机会都不给黑人球员的话，将取消他们在收益颇丰的周日举行球赛的特权。温德尔·史密斯邀请了三名黑人球员到芬威球场洽谈，他们分别是马上要去帝王队打球的杰基·罗宾逊，克利夫兰俄亥俄州人队的外野手萨姆·杰斯洛和费城明星队的内野手莫里斯·威廉斯。这三个人都有与白人球员比赛的经验。尽管据一些此次选拔赛的史料记载，经理乔·克罗宁当时缺席或者在场也有些漫不经心，但是据穆奇尼克说克罗宁对罗宾逊的表现印象深刻，还说了这样的话“如果我们俱乐部有了他，我们定会天下无敌”。主持这次选拔赛的司各特·休·达菲也说：“多出色的棒球手，他不是白人真是太可惜了！”当然他自己是。当其他两人大笑这次选拔赛只是个闹剧时，罗宾逊却表现出了愤怒，他为自己千里迢迢跑到这里却一无所获而感到不值。红袜队在选拔赛之后并没有与这三名球员签约，当罗宾逊打电话找他们咨询时，他们也是一直找些蹩脚的借口搪塞过去，如怕与黑人联盟旗下的球员签约会带来麻烦等。后来，克罗宁也为自己球队未签下黑人球员狡辩道，波士顿不能与黑人球员签约，因为该球队的三 A 队的所在地是实施种族隔离的路易斯维尔，这里禁止与黑人球员签约。据可靠消息称，罗宾逊一家与穆奇尼克一家成了终身朋友。

大联盟棒球在 1945 年春发生了自己的政治变革。兰蒂斯去世后，在球队老板选出新事务主管之前，他之前的行政助理莱斯利·奥康纳暂时接手了他的工作。后来，肯塔基州的前州长，当时的参议员“快乐汉”A. B. 钱德勒当选。起初，他出身于南方的背景令种族融合的支持者有些担忧。但是，他的一席话消除了黑人记者的顾虑，他说：“如果一个黑人男孩能在瓜达尔卡纳尔岛和冲绳岛上英勇杀敌，那他定能在棒球场上大展身手。”在萨姆·莱西的强烈要求下，这些球队的老板们成立了一个四人组的大联盟种族融合委员会，来解决种族融合问题。这四名委员分别是莱西自己、布兰奇·里基、洋基队主席拉里·麦克费尔和费城法官约瑟夫·雷尼。但是，这种带着美好愿景的新行动最终却以流产告终，因为反对种族融合的麦克费尔总是找借口不出席会议，以致整个委员会从未召开成一次全体会议。

纽约的政治策略对种族融合起到了一定的促进作用。1943 年，州立法院在激进的纽约市议员的强烈要求下，通过了一项艾夫斯-奎因反种族歧视法。先是在招聘方面禁止出现种族歧视的现象，然后逐渐在各行各业实施这项法律，其中包括棒球界当时规定，如果该州的棒球队不聘用一些合格的黑人球员，则会遭到起诉。纽约市市长菲奥雷洛·拉瓜迪亚也支持种族融合改革,他看到大联盟棒球委员会没有任何行动时,在得到钱德勒的允许下将这个委员会撤销并换上了十人组的市长棒球委员会。纽约大学的社会学家和市长委员会执行理事丹·多德森博士拜访了纽约棒球队的老板们,以搜集他们的反馈意见。麦克费尔并没有热情接待他,但是里基非常欢迎他的到来,并表示自己正在为打破种族障碍而努力,但是却要求多德森先替他保密,这多少有点让多德森为难。最后,里基和多德森两人达成了一个秘密协议。1945 年 8 月,多德森任命了一个委员会,里基就是其中一位委员,但是,这个委员会实际上只是一个幌子,设立它的真实目的是为了在里基执行他自己的计划时为他多争取些时间。这个计划很快就会取得成果。

第五章

里基、罗宾逊和皇家队

可以说，布兰奇·里基是棒球历史上最伟大的变革者。他带头使棒球界打破种族隔离，只是他敢于打破传统的最新表现（也是他作出的最著名的贡献），他在其他方面的贡献还有很多。1881 年他出生在俄亥俄州，根据当时俄亥俄州的习俗，他的父母作为卫理公会派教徒，要求他发誓不在周日参加棒球运动。从俄亥俄卫斯理大学毕业后，他又在密歇根大学获得了一个法学学位。1905 年至 1907 年他曾在大联盟打球，担任过捕手、外野手和一垒手。他由于拒绝在周日打球并不碰酒精（他只喝沙士和牛奶）而常被队友嘲笑。由于他的击球率（0.239）成绩不突出且身体欠佳，他的棒球运动员生涯很短暂，但是这并没有影响他未来成为一名棒球领导者。

里基在圣路易斯待了三十年。1913 年至 1915 年期间，他一直担任布朗队的经理；1919 年他加入红雀队，在菲尔·鲍尔的手下做该队的经理，在球队经营方面鲍尔赋予了他很大的权力，这也使得该队就此走上顶峰。1926 年，他开始成为管理层，担任全职副主席和业务经理的职位，而在之后的 21 年间（1926 年至 1946 年）他一共赢得了九面奖旗和六个亚军的称号。他在辨识体育人才方面具有天赋。体育记者吉姆·默里曾这样说道，里基“能透过行驶中列车的车窗认出一名好球员”。他竭尽全力帮助中等水平的红雀队与纽约各种各样的球队比赛。他是一个天生的老师，开发了一些训练球员的新工具，其中包括滑动槽、击球练习用的挡网、图示讲解以及后来的自动投球机。他最显著的成就是发明了现代棒球分会制度。在他做出变革之前，小联盟球队都是独立的，会将自己的球员卖给出价最高的买家。后来，里基开始签下大量很有潜力的年轻球员，用他们武装小联盟球队的力量，并对这些球队实施控制。作为这种创新理念的创始人，他一边锻炼自己发现人才的眼力，一边聘用其他有能力的球探为他服务，同时利用自己与各个大学的关系来开发自己本来并不充裕的球员资源。1919 年之后，他再也没有在公开市场买过一名球员，由于他已储备了大量资源，他也没有必要再与洋基队和巨人队在拍卖会上争抢小联盟明星球员了。圣路易斯，这座美国大联盟城市中最南和最西的城市，利用自己在球场的成功摇身一变成了美国南部和西南地区最大的球迷聚集大本营以及所有球队最大的地区支持所在地。

1942 年棒球赛季结束之后，红雀队的老板萨姆·布兰登解雇了已 60 岁的里基，认为他在买卖小联盟球员的过程中为自己谋取私利。1942 年，布鲁克林·道奇队这支日趋强大的球队赢得了 104 场比赛，仅比里基的红雀队少胜两场比赛，与当年的奖旗擦肩而过。里基的儿子小布兰奇早在三年前就已接管道奇队的棒球分会。随着他与圣路易斯的合同到期，里基有了开创新事业的机会，当时道奇队主席拉里·麦克费尔从该队辞职，这为里基创造了机会。由于里基并没有该队的任何股份（他在一年之后的确买了该队 25%的股份，这使得他负债累累），所以他是靠着自己能让道奇队创造新历史的有创意的构想走上球队主管的职位的。他想物色并签一些优秀的黑人球员，并在目光短浅的大联盟棒球经理的眼皮底下挖掘了大量棒球人才。董事会一致赞同他具有先见之明的行动，这些行动逐渐有了成效。1943 年，道奇队签下了波多黎各队的外野手路易斯·奥尔莫，尽管华盛顿议员队启用拉丁美洲的球员已有几年的历史了，而且也取得了一定的成功，但是道奇队这次的举动还是超出了常规的聘用球员的渠道。里基最想聘请的还是非裔美国球员，他想直接与歧视黑人政策对抗。

人们并不清楚他的动机。他总是声称自己就是想赢得比赛，而黑人球员定会给他带来成功。但是，实际上事情的真相远非这么简单。里基曾讲过一个 1904 年他在俄亥俄卫斯理大学训练时所发生的故事。当时他们球队到南本德去参加圣母大学所举办的比赛。旅馆却拒绝为他球队中的一名黑人查尔斯·托马斯提供住宿。经过一番讨论，里基最后在自己的房间里为托马斯弄了一张简易小床，让他与自己同住。而托马斯可能一直都在为自己的肤色而苦恼，里基对他说："查理，有一天你会和白人一样享受相同待遇的。"那次的事情一直在里基的心头萦绕，位于美国南部的圣路易斯虽然能将无线电广播传播至南部和西部，但是却在种族融合方面没有任何进展。里基一直在暗地里为终止圣路易斯的运动员公园内白人和黑人座位隔离的状况而努力，但是却未获得成功。然而，他下定决心等自己爬到更高的职位上时一定为种族融合作更多的努力。

共产主义者吉米·鲍尔斯注意到里基在与他手下的球员谈薪酬时态度很强硬且一般不会妥协，所以送他一个绰号“小气鬼”。里基不管外界怎么看他，仍然我行我素。他的政治立场是倾向于保守派，据说他在三十多岁时差点成为共和党推选的密苏里州州长候选人。共产主义专栏作家莱斯特·罗德尼对里基的政治主张的评价不高，并表示道奇队的领导者是自大、傲慢、以自我为中心、屈尊俯就之辈。但是，另一位罗德尼，一名为种族平等而战的最热心的出版界人士，对里基有很高的评价，认为他为黑人争取平等权利做了很多事情。此外，里基一直坚持不以任何方式向激进左翼屈服。1945 年 4 月乔·博斯蒂克强行要求参加选拔赛的事情将他惹怒了，尽管他们有共同的目标。

《匹兹堡信使报》的黑人记者温德尔·史密斯与里基一样强烈反对共产主义。他在杰基·罗宾逊进入道奇队的事情中起到了关键性作用。在 4 月红袜队选拔赛计划流产之后大约一个星期，史密斯会见了里基，里基向他询问了黑人球员的最佳人选。里基强调道，要找的黑人球员不但要球技不俗而且在球场外作风也要正派，这点非常重要。他预料到，这名第一个进入大联盟的黑人将会遇到各种各样挑战，他的任何小缺点都会在媒体面前被无限放大。他需要一个具有坚强意志和超强自制能力的试验品。史密斯向他列举了几名球员，但是罗宾逊是他最极力推荐的人选。最后里基同意考虑罗宾逊，并调查一下他的背景情况。这是史密斯与里基之间的秘密计划，前者发誓会保守这个秘密。在电话中，他们从未提起过罗宾逊的名字，只说他是一名“来自西部的年轻人”。当里基听说罗宾逊威胁要打一名裁判时，史密斯假装不知情，为里基编造了另外一个故事，大概是说这位年轻人只是在捍卫自己的尊严。在这场密谋中史密斯很难做到不偏不倚。

一方面为了给调查黑人球员的道奇队球探提供掩护，另一方面也为了能通过出租埃贝茨球场来赚钱，1945 年 5 月 7 日，里基宣布将组织一支球队在新黑人联盟——美国联盟打球。这个消息不仅震惊了种族融合支持者们而且也令黑人联盟的大亨倍感意外。里基说，自己想鼓励那些经营得很好的联盟，而且计划尽可能地使这些联盟与白人联盟合并。当大联盟道奇队还在路上时，布鲁克林让布朗·道奇队上场在埃贝茨球场比赛。就这样，道奇队的球探们便开始四处为新球队搜罗人才了。里基后来也承认整件事都是他的策略，虽然美国联盟在1946年赛季中的表现不如人意，但是他原本的目的却达到了。在史密斯的干预下，这些球探逐渐将目标锁定为杰基·罗宾逊。罗宾逊吸引里基注意的原因有很多。一些体育记者批评他"傲慢"，但在里基眼中，那却是罗宾逊强烈的进攻性的表现。道奇队队长感觉他"高傲、无畏、目中无人"，但是这些缺点在他的才智和对宗教信仰的虔诚面前都显得不那么重要了。事实上，罗宾逊对种族隔离的愤恨反倒令里基更喜欢他。这位年轻的球员就像是强大与自制的完美组合。里基分别安排了三名球探暗地里观察罗宾逊，并要他们分别上交各种报告，这三名球探都是独立工作而且对另外还有其他球探并不知情。他也到洛杉矶去了一趟，调查了一下罗宾逊的背景。1945年8月，他准备行动了。

当年8月24日，球探克莱德·苏克弗斯在芝加哥的科米斯基公园与罗宾逊进行了一次会面。罗宾逊因为手臂酸痛已有几天没参加任何活动了，当苏克弗斯邀请他到布鲁克林与里基见面并商讨为布朗·道奇队打球时，他正好有空。当这名球探补充说如果他不愿去见里基的话，里基愿意来见他时，他们两人都隐约感觉到这次会面远非只是要罗宾逊加入布朗·道奇队那么简单。8月28日，里基和罗宾逊在前者灰暗的办公室里见面并交谈了三小时之久。当两人交谈了很久之后，里基问罗宾逊有没有女朋友。罗宾逊说自己也不确定（因为他害怕蕾切尔可能会对两人的关系失去耐心），他把两人的具体情况说给了里基听。里基听后对他说，身边有个像蕾切尔那样的女人是很好也很重要的一件事。里基也认真询问了罗宾逊与帝王队的签约情况，令他放心的是，他们之间既没有签署任何合同，也没有任何承诺。当里基告诉罗宾逊他很想让后者参加白人棒球队（先是在三A级蒙特利尔的皇家队，最终再进入道奇队）时，据罗宾逊自己回忆说，“我很兴奋、震惊并且激动。我有些不敢相信自己的耳朵。最重要的是，我不知道该说些什么”。

里基开始向罗宾逊模拟他将来可能会遭遇的各种

种族歧视情景，如对方球员穿着钉鞋滑向二垒时试图铲他，酒店职员或服务生不尊重他，还有裁判故意针对他等。里基甚至用种族歧视分子常用的恶毒语言刺激罗宾逊。问他是不是有勇气面对这些挑战。更一针见血地询问他，是不是有勇气作出反击？如果有人扇他耳光怎么办？这些对于罗宾逊来说是很大的挑战，在他还是个孩子时，他通常都会以武力或话语反抗。但是，他现在能理解里基问他这些问题的真正用意了，说道："我以前被打过两个耳光……那又怎样？"这是真事。他现在能理解《圣经》中的这一个训诫了：若有人打了你一个耳光，那把另一边脸伸过去让他打。里基给了罗宾逊一本乔瓦尼·帕皮尼的名作《耶稣生平》，这是卫公理会教徒传看的名作。罗宾逊被里基的行动深深感动，他向里基承诺道："如果你愿意冒险作此尝试，我向你保证不会发生你不想看到的那些事。"里基告诉他这种不反击的行为一定要保持到他在大联盟有所作为时，结果罗宾逊践诺了三年。他们也谈了薪酬问题。在蒙特利尔打球期间，里基向他许诺的工资是每月 600 美元（比他在帝王队多 100 美元，但是他在帝王队能拿到 500 美元也是他在赛季中不断要求涨工资的结果),另外还有3 500美元的签约金。罗宾逊发誓除了玛丽和蕾切尔之外,这次会面的事情不会告诉任何人。并被告知11月1日他将会收到合同。被送出里基的办公室之后,他兴奋得几乎忍不住想在路边跳舞(见下照)。

1950年1月24日,杰基·罗宾逊与布兰奇·里基签合约。此照片由Bettman/Corbis提供。

在那次激动人心的会面之后,再回帝王队对于罗宾逊来说是很艰难的事。他确实归队了,但是却要求再打三周球赛后便准备休息。他当时有些患得患失，直到里基都准备好所有的事情之后，他便从帝王队退出，出发去了加利福尼亚。10月23日，蒙特利尔皇家队主席赫克托·拉辛、小布兰奇·里基和杰基·罗宾逊在加拿大的一个城市召开了记者招待会，宣布罗宾逊将在1946年为蒙特利尔效力。道奇队试图掩盖这个事件所带的种族意味，所以一直在强调罗宾逊的棒球才能。但是，他简短的发言稿“我会尽自己的最大努力”还是被要求增加了这样的话：“我真的无法描述我此刻激动的心情，我是第一个在白人棒球队中打球的黑人。我知道这对于我本人、我的种族以及棒球界的意义有多大。我只能说我会尽自己最大的努力来承担这一使命。”小布兰奇·里基简洁地谈了下种族问题，他指出刚开始一些南方的球员可能会选择退出球队，但是在纺织厂待个一两年后他们一定会改变主意再回来。将注意力放在罗宾逊的球技上的确有益。道奇队对罗宾逊年轻时违法和从部队尴尬退役的事情只字未提。媒体也没下功夫追究罗宾逊的历史问题，这正好缓解了当时的紧张气氛。

他加入皇家队的消息像炸弹一样震惊了整个棒球

界，当时好像每个人都想表达一下自己的观点。据里基说，大联盟的老板们的反应就像，“白人好像突然关心起黑人联盟的未来了”。里基回应时，严厉抨击了当时的黑人联盟，说他们卑劣、为经营不善找借口，有些球队居然是由很多人在经营，没有合同和球赛计划安排，实际上他们没有一处值得白人球队尊重的地方。对于签下罗宾逊，里基不打算直抒己见，而只是说“这对所有人来说都是公平的”，更自私地说，是为了“赢得比赛”。黑人球员的表现也各不相同。他们中间名气最大的萨奇·佩吉很生气也很受伤，他认为自己才应该成为打破种族界限的最佳人选。但是，他也为自己辩解道，大联盟不会让他在小联盟中比赛。在公开场合，佩吉支持罗宾逊是最优秀的球员这种说法，并说里基“签下罗宾逊是正确的选择”。罗宾逊在帝王队的一名队友，巴克·奥尼尔则能理解罗宾逊承担种族融合使命的这份工作的艰难性。可以说，佩吉是个体，在这一点上是独一无二的人物，但是罗宾逊承担着更重要的具有象征性意义的责任，他是黑人挑战种族歧视现状和打破种族障碍的强有力的代表性人物。美国黑人联盟主席 J. B. 马丁说，1 500 万黑人关注着这件事，这是具有重大历史意义的一天。然而，巴克·伦纳德却说出了他的一些同事的心声，“我们认为他不够优秀”。阴谋理论家甚至表示，里基因为知道他一定会输，所以选择了一个较弱的球员，借此来拖延种族融合的进程。萨姆·莱西在总结这次签约罗宾逊时，也略有保留地说，罗宾逊不是最优秀的球员，而只是“最合适的人选”。

媒体的反应基本上都是正面的。驻达拉谟的北卡罗来纳州《先驱晨报》记者杰克·霍纳认为：“这件事给这座南方城市的总体印象就是，一个黑人球员在白人球队中打球时将会很别扭、很尴尬而且很委屈，他可能很快就会退出。”这种反应突显了对里基将罗宾逊作为试验品的批评态度。正如霍纳所说，罗宾逊后来确实差点崩溃，相信换成一个意志再薄弱一点的人一定会放弃。《纽约每日新闻报》的记者吉米·鲍尔斯认为罗宾逊并不是进入白人球队的黑人球员的最佳人选，他认为罗宾逊不够优秀也不够成功。此外，他还在春季训练赛上武断地表示，“我们对布兰奇·里基认为他（罗宾逊）是另一个亚伯拉罕·林肯，他有宽广的胸怀以及他热爱整个人类的话表示怀疑”。也许《诺福克弗吉尼亚人向导报》的记者 W. N. 考克斯的话最深刻也最有预见性,“这些争议最终会回归到这名黑人球员在赛场上的表现。我相信,一旦杰基·罗宾逊打出全垒打并为蒙特利尔赢得好成绩,那些球迷们很快就会遗忘他的肤色问题。”事实上,事情的结果就是这样的。

尽管大联盟球队的老板们在去年的 12 月已开过一次正式会议,但是他们在 1946 年 8 月 27 日又召开了一次会议来讨论一些迫切的问题。有些老板对反对杰基加入持保守态度。经过投票,15 名老板中有 14 人反对他进入大联盟。他们拿出了拉里·麦克费尔的话,“不管用意是多么好,但是(在大联盟)使用黑人球员终究会影响到棒球界的方方面面”,并决定不保留任何异议。在此次秘密会议之后,当时所有决议的复本被收回并销毁。关于这次会议时间及会议记录的各种报道之间的差别很大,都夹杂了报道者自己的看法。据里基回忆,那次会议是在 1945 年 12 月召开的。理事长“快乐汉”钱德勒好像清楚自己给人留下的都是积极印象,后来他声称里基当时来找他,希望他在这么多人持反对态度时能给予他支持。尽管没有证据证明他的话的真假,但是据钱德勒自己说,他当时的回答是

“让他（罗宾逊）进来吧。如果他有能力他就能进大联盟”。

罗宾逊即将于1946年春开始这一伟大试验之前，需要先解决一些个人问题。在里基找他表明要与他签约之前，罗宾逊本来打算秋天去委内瑞拉参加巡回赛，回来后就在高中找份教练的工作，然后和蕾切尔结婚并在洛杉矶定居下来。1945年6月，蕾切尔以优异的成绩从加利福尼亚大学毕业了，并且因为在临床护理班里的出色表现获得了南丁格尔奖。回到洛杉矶后，她很快在洛杉矶总医院找了份护士的工作。这对年轻人将他们的婚礼定在了1946年2月10日，但是蕾切尔从小到大就没离开过加利福尼亚，于是打算在结婚之前去纽约看看。10月份，蕾切尔与女伴在纽约玩了几周，边工作边观光，也去看望了罗宾逊。当时他正在等着去委内瑞拉，他的行程由于政治动乱而被推迟了。

这次委内瑞拉之行耗时10个星期持续到1945年底。这支全明星队在南非一共打了24场比赛，大部分比赛都是在加拉加斯举行的。罗宾逊与一名黑人联盟的老球员吉恩·本森同住一屋；罗宾逊在这次巡回赛中因表现平庸而自信心受挫，本森用了很长的时间帮助他重建信心。罗宾逊当时的击球率只有0.281，而他绝大部分的队友均超过了0.400。有些失去信心的他不断地自言自语道："为什么他们就挑了我呢？"这位年长的球员鼓励他说，他一定能发挥开拓者的作用。最重要的是，本森告诉他，如果他能在黑人联盟做得很好，也一定会在大联盟获得成功。当然，比赛的等级更高了，但是赛场却更文明了，这点对于他来说是有益的。在黑人棒球赛中，投湿曲线球（用汗水或唾液投出的犯规曲线球）仍然非常常见，而早在1920年大联盟就禁止球员这么做了。尽管大联盟仍然允许打头球（投向击球手头部的犯规球），但是出现的频率仍然没有黑人联盟那么普遍。本森并没有凭空说瞎话。后来，在巡回赛接近尾声时，本森真的看到了这位年轻人的精彩表现，并对他的才智、学识和修养留下了深刻印象。此外，因为罗宾逊过着严谨的生活、具有强烈的自尊心和决心，所以他的所有潜能非常有可能被完全开发出来。本森相信里基选对了人。

罗宾逊和蕾切尔的婚事并不是很顺利。先是结婚戒指的问题。罗宾逊在委内瑞拉时，蕾切尔设计好了戒指，罗宾逊应照此制作，但是他却把她的设计弄丢了，所以就临时做了一枚戒指，这让蕾切尔非常失望。蕾切尔和罗宾逊本来想办个简单的婚礼，而蕾切尔的母亲泽莱·伊萨姆却将婚礼准备得非常隆重，但是，这对准夫妇最终也欣然接受了。他们租下了洛杉矶最大的黑人教堂——独立基督教堂，卡尔·唐斯专门从奥斯汀飞过来为他们主持婚礼。“小杰克”戈登担任伴郎，此外，他还搞了个恶作剧，将这对新婚夫妇在接待完宾客之后去度蜜月用的车子藏了起来。当两人到达酒店之后才发现，罗宾逊竟然忘了预订房间，最终两人临时定了一个房间，而蕾切尔没拿到她想要的鲜花。但是，蕾切尔并未因为这些突发的意外状况而不快，反而一笑了之，这样往往更利于他们适应并享受之后细水长流的婚姻生活。他们在旧金山湾区度蜜月，先是在圣何塞蕾切尔的一位阿姨家的空房子里待了几天，然后便在奥克兰与朋友们玩到蜜月结束（这令蕾切尔有些失望）。但是，命运正在召唤这对夫妇，他们很快就返回了洛杉矶，并为罗宾逊在大联盟的第一次春训做准备。

罗宾逊在佛罗里达之行的悲惨遭遇很有力地证明了南方种族歧视对黑人造成的巨大影响。蕾切尔先安心地离开了，因为她是在种族歧视相对不严重的加利福尼亚长大，所以对白人并没有戒备之心。而罗宾逊也对与白人共事持乐观态度，因为他在学校和军队中有大量与白人一起工作的经历，他相信自己的运动才能可以克服一切挑战。他也相信里基将他带进大联盟的计划是经过深思熟虑的。最重要的是，他认为自己加入白人棒球队使棒球界实现种族融合是上帝赋予他的神秘使命，他一直都在寻找的这个使命终于浮出了水面。但是，另一方面，罗宾逊在南方也待了很长一段时间（服兵役和在帝王队效力时），他其实对这个地区的种族仇恨的严重性还是有所了解的。他不仅仅为自己能否在球场上得到公平待遇而担忧，更为他和蕾切尔的生活而烦恼。

1946 年，美国的种族关系动荡不定。在一次主要因种族关系所致的世界大战之后，《独立宣言》中所宣称的美国人人生而平等的观念鸿沟，以及黑人因偏见和法律导致机会受限的实际情形，似乎比以往任何时候都严酷。尽管由于人类学家弗朗兹·博厄斯证实了种族歧视的不合理，在 20 世纪 30 年代，理智的浪潮战胜了种族歧视的观念，但不稳定的现状使得一些种族歧视者采取极端的防卫行为，他们拼死应对这种受到威胁的现状。相较于第一次世界大战后的种族暴乱，1946年的这种程度已算是比较克制的。然而，这一年仍有至少30人试图使用私刑。在罗宾逊前往东部的那个星期，田纳西州的哥伦比亚发生反对黑人的暴乱，造成100名黑人被捕及两人死亡。此前的一个月，一名身着制服的黑人老兵在南卡罗来纳州贝茨堡被当地警察从公共汽车上拖下来暴打，致使双目失明。当地陪审团随后宣判该施暴警察无罪。佛罗里达州将如何应对该地区的道德习俗呢？棒球界是首批尝试平等对待黑人的机构组织之一，因此将成为各种敌对活动的试验案例及“避雷针”。

罗宾逊夫妇从洛杉矶起飞，途经新奥尔良市和彭萨科拉，去佛罗里达州。在新奥尔良市，他们降落在种族隔离的发源地。1890年，路易斯安那州通过了隔离车厢法，强制在铁路客车上对黑人和白人实施隔离，但“待遇平等”。1896年，最高法院依据该法令对著名的“普莱西诉弗格森案”(Plessy v. Ferguson)作出了判决，整个南方公开表示支持吉姆·克劳法。鲜有黑人坐飞机旅行，虽然在南方机场候车室是隔离的，但是航班座位的安排似乎一直都很随意。不过在地面上，黑人被限制在隔离的医院、学校、监狱、墓地、住处、休息厅，而且宣称与白人服务设施标准相当的黑人专用服务设施却几乎总是逊色很多。另外，如下各种措施被用于剥夺黑人的选举权：祖父条款（限制了子孙后代选举权的特许，这些人的祖先在内战前拥有选举权）、选举税、白人预选（使得黑人在普选中的投票权毫无意义）及文化水平测试（由白人官员以公然歧视的方式进行测试，逼走潜在的黑人选民）。

歧视黑人的社交礼节对歧视黑人的法律做了进一步补充，并确保黑人无法脱离法律对他们的限制，并同时埋设陷阱，陷害粗心的、不知情的局外人。比如：黑人男性不能主动伸手与白人握手，因为这样做就意味着两者的社会地位平等。黑人可以被介绍给白人，反之则不可能，如“琼斯先生，这位是比尔”。此外，对于黑人，白人很少使用阁下、夫人、小姐、先生或女士等尊敬的称呼，而是直呼其名，但黑人却不得不对白人使用尊敬的称呼，不得随便地直呼其名。在所有路口，白人都享有通行权。黑人永远不得在白人面前表现得知识渊博，更不能诅咒甚或嘲笑白人。黑人绝不能对白人女性的外貌加以评论。

1946年，商务飞行仍是很新潮的。乘坐飞机旅行时，人们通常会盛装打扮。罗宾逊穿着蓝色西装，打着领带；蕾切尔则穿着她的结婚礼服，包括那件多少显示她与众不同的貂皮外套。当玛丽在他们离开时塞给他们一盒子香喷喷的炸鸡时，夫妻俩显得有些尴尬。这似乎非常不讲究，但是随着旅程的展开，这就显得很珍贵了。他们乘坐美国航空公司红眼航班于3月1日早上7点降落在新奥尔良，这天刚好是春训的开幕日。他们被赶下了飞往彭萨科拉的飞机，表面上是为了支持军事人员通过。恼怒的蕾切尔喝了白人专用饮水机的水，在没有回应时使用了白人专用的休息室。当飞机再次起飞时，他们没能登机。他们被告知找一家酒店待着，等候机场电话通知何时有机票。他们在一家为黑人提供的破旧酒店度过了一个下午，但却没有收到任何消息。罗宾逊以前曾经历过这类麻烦，自始至终都相当冷静；但蕾切尔异常气愤，对于这种不合理的歧视暴跳如雷。傍晚时，罗宾逊打电话给机场，机场人员告诉他抓紧时间——晚上7点的航班还有两个座位。他们匆匆赶到机场后，飞机把他们带到了距离彭萨科拉不足两百英里的地方，在那里他们再次被赶下了飞机。航空公司告诉他们前方有暴风雨，他们需提前下飞机，以便省出重量为飞机再加些油。当两名白人乘客登上飞机坐在他们原先的座位上时，罗宾逊强烈抗议，但仍无济于事。他们不得不下飞机。

夜幕降临，航班也离他们而去，因此罗宾逊夫妇决定连夜搭乘 16 个小时的公共汽车到达代托纳比奇。车上的乘客寥寥无几，他们坐在后排，但是随着乘客们上车，司机要求他们必须换到最后一排，最后一排的座位靠背是直直的，不能放倒。杰基打盹时，蕾切尔则在默默地哭泣。这次旅程让她深深体会到白人对黑人的歧视。罗宾逊一直保持冷静，他知道只有这样他才能保护自己和蕾切尔。蕾切尔抱怨着这种侮辱性的制度。“为求安稳，只好委屈你装孙子了。”南方人的“游戏”目的很明确，他们就是要剥夺黑人的尊严，令其屈服，在身体上和心理上都不敢维护自己的权利，然后甘愿被压制。漂亮的衣服和良好的教育可使黑人免遭歧视，但这仅是徒劳的幻想罢了。要么让种族制度打败你，要么你打败它。蕾切尔回忆，这让她变得“更强大和更有针对性”，变成了一贯争强好胜的罗宾逊的更合适伴侣。

当夫妇俩终于在3月2日下午接近傍晚时抵达代托纳比奇时，他们受到了《匹兹堡信使报》的温德尔·史密斯和比利·罗及《巴尔的摩非裔美国人报》的萨姆·莱西的热烈欢迎。出了名的小气鬼里基将史密斯和罗列入道奇队的春训工资表中，并担任罗宾逊夫妇的“保护者、顾问和朋友”，并且帮助他们接近当地的黑人领导者。（史密斯关于罗宾逊夫妇的遭遇的一手报道使得《匹兹堡信使报》的发行量增加了十万份。）史密斯和罗还带来了27岁的黑人棒球投手约翰·赖特，他的能力不确定，可能会成为罗宾逊的一位黑人队友。罗宾逊很快成了众人瞩目的焦点，这点是显而易见的。当天晚上，等蕾切尔上床睡觉后，罗宾逊就告诉其他人，经历了这次悲惨之旅，他已经厌倦了，想要放弃整个实验。他们几乎花了整晚的时间劝说罗宾逊，最终他冷静下来，同意接受挑战，并坚持到底。

相较于佛罗里达州大部分地区，代托纳比奇更为开明。市长威廉·佩里在道奇队来他的城市训练之前，就得知罗宾逊要签约道奇队。威廉·佩里知道佛罗里达的未来取决于吸引北方资本、游客和离退休人员，而打破种族歧视是实现这一切的关键所在。其他城市的市长并没有意识到这一点。佛罗里达州已在20世纪20年代经历过房地产的繁荣和萧条，需设法牢牢抓住这个能让其再次繁荣的契机。佩里深知这一点，并尝试着在罗宾逊春训期间与道奇队达成五年协议，但并没有成功。即便如此，道奇队仍如履薄冰，没有突出杰基·罗宾逊代表的种族问题。里基有一句名言："如果大象可以比其他人发挥得更出色，我甚至可以签下大象当游击手。"球队管理人员恳请工商业界将注意力集中在球队的经济利益，而不是它的种族融合使命上。对于像罗宾逊夫妇这样的黑人，代托纳比奇有一些明显的吸引力。这个城市是玛丽·麦克劳德·贝休恩的家乡。她70岁了，是埃莉诺·罗斯福的朋友，也是当地黑人大学贝休恩——库克曼学院的创始人。这是一所黑人白人合校的大学，保证了当地黑人社区的文化修养水平。乔和达夫·哈里斯也是他们中的成员，罗宾逊夫妇还和他们一起寄宿在二楼的一个小房间。哈里斯夫妇欢迎罗宾逊夫妇的到来，并将他们纳入当地精英，但厨房特权的限制迫使他们只能在各式各样黑白隔离的下等餐馆吃饭。白人球员则可以在海滨的里维埃拉酒店就餐。

尽管佩里热情好客，但3月17日道奇队和皇家队的比赛仍无法确定。佛罗里达很多市区禁止黑人和白人一起打球，所以直到最后关头，比赛才出现进展。4 000多名球迷前来观看这场正式突破肤色障碍的比赛。尽管这是一场在星期天下午举行的比赛，但里基刻意没去观看比赛。其他城市表现出较少的南方式的热情好客。罗宾逊和其他200多名小联盟球员被安置在桑福德，这里随时可能发生白人暴乱。仅仅48个小时之后，温德尔·史密斯就鼓励受到惊吓的夫妇俩离开这里，返回代托纳比奇。此后，蒙特利尔队在代托纳比奇的有色人种区进行训练，而道奇队则在白人区训练。杰克逊维尔、萨凡纳和里士满宁可取消比赛，也不愿黑人白人一起比赛。原计划在迪兰举行的比赛被改成在代托纳比奇举行。迪兰事件尤其难以解释，据说白天比赛时，灯光未能正常工作。与预期相反，球迷们似乎愿意给黑人一个机会，但胆怯的市政官员宁愿取消比赛，也不愿冒种族或政治上的任何风险。

3月3日，罗宾逊进行了第一次愉快顺利的训练。他很巧妙地应付了刨根问底的记者，他发现其中许多人只是为了放大蛛丝马迹的事情。当被问及如果投手将球击中他的头部他会怎么处理时，他大笑着说道："我会闪躲。"最好的预兆则是当他被介绍给蒙特利尔队新任经理克莱·霍珀时，这位密西西比州人主动伸出手表示欢迎，这是一个南方白人作出的不算小的让步。霍珀已为里基管理小联盟17年了，在评估和培养年轻球员方面享有良好声誉。里基希望罗宾逊可以将霍珀争取过来，这位经理的威信可改变人们对年轻球员的判断力。霍珀拥有一个棉花种植园，并不需要靠这份管理工作谋生。如果他接受了罗宾逊，他担心他的邻居回家后会排斥他。尽管他对年轻的球员很热诚，但当里基对一场防御赛事极力称赞时，他显然背叛了自己的真实感受，问里基道："你真的认为黑鬼是人吗？"里基感到震惊，而且很长一段时间都有疑虑，认为霍珀可能无法应对这种压力，从而导致精神崩溃。

就打棒球而言，这次春训对于罗宾逊来说非常普通。投球时手臂的酸痛让他意识到他需要检查一下胳膊。里基大胆地安排他担任一垒手，这个位置无须投球，然后再打二垒，这里成了他最好的位置。他很快熟悉了新的位置。后来成为道奇队管理人员的预备内场手阿尔·坎帕尼斯说罗宾逊是“我所见过的最具资质的球员”。他在二垒位置的对手卢·罗谢里担心队友不会接受他，他掩饰着自己的这种担心，刻苦训练，从而完善了罗宾逊在这个位置的球技。大多数球员都是既不公开表示敌对，但也不作任何友好的努力。尽管如此，他仍在3月底说“所有伙伴似乎都在帮助我们”。对他的怨恨似乎随着时间的推移而减弱，而且罗宾逊能够有效地利用他在加州大学洛杉矶分校练成的技术，顺利地配合他的白人队友。在霍珀的刺激下，老将投手保罗·德林格挑战了罗宾逊的刚毅度。一次比赛中，当罗宾逊第一次冲到投手板的位置时，德林格向他头部投了一个快速直球。罗宾逊在地上爬着，然后打出了一个快速直线球至左外野。他接着起身时，德林格再次击倒了他。罗宾逊掸去灰尘，击出三垒打至左中场。投手告诉霍珀：“这个黑鬼还真不错。”事实上，机敏的罗宾逊很好地回应了击向他头部的球，这种投球会导致击球手担心自己不能有效地击中。他后来透露说，诀窍就是投手几乎都是击出投向头部的曲线球，这种曲线球看似将要击中击球手，但却转向投手板的内角。尽管出现了这种出色表现，但罗宾逊在春训中期仍表现得意志消沉。一位记者观察说:“如果他是白人,他们可能早就撵走他了。”然而,里基这个睿智的“伯乐”非常欣赏这一切。当皇家队拔寨向北时,罗宾逊改变了球队,就如约翰·赖特已经做的那样。

正如预期的那样,罗宾逊开辟了一条供其他人仿效的途径。除了赖特,道奇队还签下了 25 岁的接球手罗伊·坎帕内拉和 22 岁的投手唐·纽科姆,并将他们分配到新英格兰联赛 A 级的纳舒厄队。春训期间,传来消息说有 4 名黑人将在那年秋天签约打职业橄榄球赛,包括罗宾逊在加州大学洛杉矶分校的队友肯尼·华盛顿和伍迪·斯特罗德,他们将加入全国橄榄球联盟中的洛杉矶公羊队。罗宾逊肯定对此也感到惊讶——他在橄榄球赛中也许会更加发挥先锋作用,而他在棒球界的影响可能会大大降低。但是,橄榄球的突破都是较次要的新闻,棒球才是全国性的运动。罗宾逊在棒球界的较高曝光度放大了他的影响力。橄榄球和棒球都仍是主要的大学联赛项目,通过职业联盟竭力维持不稳定的存在感。罗宾逊逐渐了解到,致力于种族融合就是上帝派给他的重大使命。有时候,他因为这一使命以及黑人球迷给予的热情支持而欢欣鼓舞。但当他发挥不佳的时候，他会陷入深深的抑郁，因为他辜负了给予他信任的人。仅仅像其他球员那样打球可能是令人愉悦的，但事实并非如此。棒球对他而言，既是福祉亦是负担，因此他感到非常矛盾。《纽约时代》的勒德洛·沃纳"为杰基感到难过。他将被他的种族期望所困扰……不像白人球员，他无法承受倒霉的日子。他的私生活也在众人眼皮底下，因为美国白人将根据他所做的一切来评判所有黑人。上帝向他和他的同伴施以援手，他不能让他们失望"。

罗宾逊与蒙特利尔皇家队一路向北开始国际联盟赛季的时间到了。途中，球队在泽西城、纽瓦克、锡拉丘兹及巴尔的摩举行了公开赛。在泽西城，开幕日当天有大规模的庆典活动，当时，市长弗兰克·黑格主持了检阅，两万五千名球迷在一个阳光灿烂的日子挤满了罗斯福球场。正如某黑人报纸的头条新闻所述，"杰基出尽了风头"。在体育史上最惊艳的一次亮相中，他刚一上场，就打出一记三分本垒加地滚球出局，然后击出一垒打、盗垒、滚地球，并通过离开第三垒及假装偷本垒使得投手注意力分散，做出了假投的犯规动作。接下来上场击球时，他成功打出安打，并在最后关头再次打出安打，且盗垒成功，并最终使得投手假投犯规。那天的比赛，蒙特利尔队以 14—1 轻松获胜，只因一次失误让泽西城队获得 1 分。杰基五次上场击球，打出四记安打，拿下四分，并且两次盗垒成功。观众们被他精湛的球技彻底征服。正如里基曾预测的，以及 W. N. 考克斯发表的社论所述的，如果罗宾逊出色发挥，则他的肤色将能为球迷所接受。

大多数棒球球迷都知道，一次的幸运并不能保证永远的成功。比赛中获胜的投手在 6 月被人替代，另一位在开幕赛中打出两个本垒打的球员在两个星期之内失去他的先发位置。罗宾逊必然冷静应对在纽瓦克和锡拉丘兹的比赛，到巴尔的摩的南下之旅使得国际联盟主席弗兰克・肖内西身心俱疲。他恳请里基不要再让罗宾逊上场，担心白人球迷的暴力行为。里基对此威胁感到怀疑，但当第一场比赛开始之前只有三千多名球迷不畏严寒地出现在比赛现场时，他也开始有些担心白人的抵制。第二天，当两万五千人涌入市政体育场时，他的这些担忧消失殆尽，而其中一万人都是黑人。当蕾切尔身后的球迷对她丈夫发出亵渎的尖叫声时，她感觉非常难受，但身处梅森—迪克森沿线这个南部城市的她只能默默地忍受这种侮辱。

两个星期后，球队最终回到蒙特利尔。罗宾逊夫妇和蒙特利尔市可以说是“一见钟情”。在美国境外打破美国棒球队的肤色界线这个事实实际上是一种莫大的讽刺，但这座加拿大城市却是罗宾逊开启职业生涯的理想地方。正如蕾切尔所说：“从噩梦般的佛罗里达州抵达加拿大就像从深水中浮出水面，重新呼吸到了新鲜空气一样。”这里黑人人口不到2%，当看到邻国对待南部黑人的疯狂暴行时，加拿大人感到一种茫然的道德优越感。罗宾逊说：“加拿大人认为我就是一名美国公民，只是刚好属于有色人种。有些美国同胞，尤其是在巴尔的摩的美国同胞，他们厌恶黑人，认为我们只是比丛林野兽略开化的野蛮人。”赛季时，他在美国城市遭受辱骂，而在蒙特利尔，球迷们像对待自己人一样对待罗宾逊，并且全心全意地支持他。这种支持使得他能从一路的辱骂中喘口气。他后来激动不已，“我对加拿大人的感激远比他们所了解的更多。”

当蕾切尔寻找住处时，她在城市东端找到一处法国人的两户合住的房子。让她惊喜的是，她得到了她想要的第一个位置。法裔加拿大房东太太对她说“欢迎你”，这也就是说，欢迎和她喝茶聊天。房东太太坚持让罗宾逊夫妇使用他们的亚麻布制品和厨房用具。这积极的经历“让我们欢欣愉悦”，蕾切尔回忆着，继续说道“在加拿大的每一天都是那么快乐”。整个城市只有约一万名黑人，因此罗宾逊夫妇多少为这里带来了一些新奇。在住处附近，他们像天外来客一样，受到了乐于助人和好奇的孩子们的热情招待。当得知蕾切尔怀孕时，他们的邻居前来探访，并提供各种建议，甚至分享他们配给的书券，帮助他们应对战后的物资短缺，而且对待他们像自己的大家庭成员一样。由于邻居们略懂英语，罗宾逊夫妇缺乏法语知识，因此语言障碍在一定程度上阻碍了亲密友谊的发展。萨姆和贝尔·马丁是他们在这座城市最亲近的朋友。萨姆是犹太裔加拿大人，他是《蒙特利尔先驱报》的社会主义运动记者，并为《匹兹堡信使报》供稿。马丁夫妇邀请罗宾逊夫妇去皇家山古典音乐会看演出，这让蕾切尔想起了好莱坞露天剧场。当罗宾逊夫妇外出就餐时，罗宾逊被索要签名的球迷们团团围住，但大部分时间夫妇俩都在家过着安静的生活。除了乘两辆公共汽车和一辆有轨电车去球场，他们远离热闹的社交生活。

各种压力让这对年轻夫妇团结起来，形成共同的目标，并且也稳固了他们的婚姻。春训后期，罗宾逊开始将他们看做一个集体，并开始使用这样的表达："我们打出了一个本垒打。"他慢慢向蕾切尔敞开心胸，之前他从未向任何人这样做过。他逐渐相信自己是一个与其他人具有截然不同命运的男人，蕾切尔试图尽可能保护自己的丈夫，使其免受任何额外的压力。3月末，她得知自己怀孕了，但感觉他已承受了大量的压力，所以直到6月才告诉他这个消息。这个消息于她而言有点让人沮丧，因为孩子的到来将结束他们的蜜月生活。但她的丈夫得知将要成为一个父亲，感到很高兴。因为婚后的第一个夏天他俩都有健康问题。蕾切尔开始发烧至40摄氏度(104华氏度)，并且持续了好几个星期，这让她的医生感到很困惑。她没有告诉罗宾逊发烧的事情，因为她觉得巡回赛已经让他够身心疲惫的了。她还需要动一个小手术，医生要求家属在术前签字时，她才不得已告诉了罗宾逊。此外，赛季末时罗宾逊出现睡眠障碍，而且没有胃口，平时很健康的他有些颓废。医生们断定，他肯定承受了巨大的压力。这不足为奇，他已经压抑了易暴躁的脾气，也控制着自己的情绪。医务人员规定他休息十天，但罗宾逊不想让他的队友失望，并想保持他在棒球大联盟中领先的击球率。得知身体并没什么大碍之后，他也宽慰了不少，在仅错过两次比赛后就重回赛场了。

在球场上，罗宾逊和皇家队表现非常出色，许多观察家都认为蒙特利尔是有史以来最佳的小联盟球队之一，尽管其在赛季前表现平平。罗宾逊逐渐赢得了队友们的好感，虽然仅限于球场和俱乐部。阿尔·坎帕尼斯带头与罗宾逊在路边球队经常聚餐的食堂式的餐馆吃饭。赛季中期，即便未被邀请，罗宾逊也可以坦然地坐在球员所在的桌边，这是他一直不愿意做的。到本赛季结束后，他经常参加球队的纸牌游戏。在球场上，罗宾逊在整个赛季的击中率都很高。尽管拉里·麦克菲尔已下令让纽瓦克投手向罗宾逊投球，但他仅被投手击中 6 次，被纽瓦克和巴尔的摩各击中 3 次。如果球员都向他投球，他将按自己的想法进行回避。他大胆发挥的风格不时挑战着传统球技。他可以在两次出局的情况下第三次盗垒，这违反了他可以在第二垒位置击中得分的原则，那为什么冒风险投球呢？他发现，他可以很漂亮地跑离二垒，然后轻松地上到三垒，再利用对手的失误（比如内野安打、投手暴投、接球手漏接或假动作犯规），从三垒上本垒得分。

罗宾逊帮助国际联盟大幅提升了出席率。观赛人数达到了前一年观看蒙特利尔队的比赛人数的3倍，而且在巴尔的摩创下了新纪录，蒙特利尔中得头彩。良好的天气和战后的繁荣也助了一臂之力，但很明显罗宾逊也是一个因素。大联盟主席弗兰克·肖内西在赛后曾怀着私心向里基开玩笑地建议道，罗宾逊在被征召至布鲁克林前可能需在国际联盟中再磨炼一年。许多球迷为罗宾逊欢呼，也有很多人跳出来嘘他，但无论如何，他们都是买票进场。皇家队以100场获胜创下纪录，并以19½的积分获得奖旗。罗宾逊席卷整个联盟。他在联盟中遥遥领先，创下0.349的击球率记录，以113个跑垒得分保持领先位置，按击球员上场顺序在二垒取得66分，击中3个本垒打，成功完成40次盗垒，在联盟中排在第二位。他一跃从最受诋毁的球员成为最有价值的球员。

常规赛季结束后，皇家队在季后赛中轻易打败纽瓦克和锡拉丘兹，与美国协会冠军队路易斯维尔上校队进行小联盟棒球赛世界系列赛。在这个充满浓郁种族歧视观念的城市，上校队吸引了三分之二的球迷，成千上万的黑人球迷被禁止入内。球队拒绝在黑人区增加 466 个座位。球迷们肆意辱骂罗宾逊，这是他所遭遇过的最糟糕的情形。他的发挥受到影响，11 次触球仅击中 1 次。当系列赛转场至蒙特利尔（当地积雪达 17 厘米以上）时，赛场的情形急剧变化。他的加拿大支持者因上校队对罗宾逊的“南部盛情”感到失望，于是对那些从球场边休息区伸出脑袋的每个上校队球员都发出嘘声。蒙特利尔后来居上，赢得首场比赛以及接下来的一场比赛。《路易斯维尔信使报》的汤米·菲茨杰拉德自创了一个困扰这两个国家多年的短语，他说“相比你们说杰基·罗宾逊，上校队以迅雷不及掩耳之势从占尽上风到甘拜下风”。与罗宾逊（他的系列赛击中率为 0.400）的对阵中，上校队在第 6 场比赛中被蒙特利尔队击败，后者赢得了小联盟棒球赛世界系列赛的胜利，并成为小型职业棒球联盟的冠军。赛后，罗宾逊和霍珀被疯狂的球迷们团团围住，并将他俩举过肩膀。在俱乐部，霍珀握住罗宾逊的手说：“你是一个伟大的棒球运动员和一个优秀的绅士。球队中有你太好了。”这个密西西比州人在整个棒球赛季取得了很大进展。当罗宾逊走出俱乐部时，人群追赶着他，直到他逃进一辆路过的汽车中。他的朋友萨姆·马丁在《匹兹堡信使报》中写道，"这可能是历史上唯一的一天，一群白人出于心中的爱慕而不是讥讽疯狂地追逐一个黑人。"

里基肯定非常高兴，他的实验进行得很顺利。到1946年中期，他已经签下5名黑人球员。约翰·赖特存在自制问题，并且缺少罗宾逊那种能将仇恨变成动力的天赋。5月14日，他被送到加拿大—美国联盟的A级三河队。为了找到取代他来作罗宾逊同伴的人选，里基从黑人国家联盟的费城球星中找到至少已36岁的罗伊·帕特洛。因为帕特洛与球队签有合同，他一分不少地支付给球队1 000美元。帕特洛在两个月的时间里参加了十场比赛，但其鲁莽及5.59的投手责任失分率使得皇家队将他降级至三河队和赖特一起，两人在该球队都处于领先位置。这个时候，里基发现没有必要再签下另一黑人球员来作罗宾逊的同伴，这是一个明显的进步。在两名黑人投手的带领下，三河队赢得了该联盟中的奖旗。同时，最有价值的球员坎帕内拉及16场比赛冠军纽科姆带领纳舒厄队赢得了新英格兰联盟的第一名。结合这两个结果和蒙特利尔队的成功,里基赢得了三面 1946 年奖旗,这在很大程度上都归功于 5 名黑人球员的努力。

回想起来,很容易发现,杰基·罗宾逊已接近走上著名的大联盟职业生涯的边缘。尽管在 1946 年,他还未能看到这一点。里基目前还没有征召他进入道奇队,而通常里基都是在 9 月将小联盟明星球员征入道奇队的。道奇队在与红雀队的决赛中失去了颇有争议的奖旗。里基担心罗宾逊在如此大的压力下首次亮相道奇队可能使得这项原本艰巨的任务难上加难。获胜并不是里基的唯一考虑。罗宾逊不确定自己能否在 1947 年加入道奇队。亲历其他的生活经历后,他就有所防卫了,抵制任何有关他的道路将最终变平坦的说法。他仍视自己为一名寻找稳定工作且前途未卜的老兵。但是他也已经声名狼藉。在蒙特利尔,他在 1946 年期间填报多项慈善活动,将自己的名声贡献给了美国东北部的一些新生的民权团体。美国战后反共浪潮将三个这样的团体视为共产主义阵线,他也很快地不再支持他们。他不会再犯那样的错误了。

小联盟棒球赛世界系列赛一结束,蕾切尔就在孕期最后一个月前往加利福尼亚。罗宾逊仍一路向西。他组织了一支巡赛团队，该团队将支付给他 5 000 美元，并为他提供经济保障措施，这使得他和蕾切尔避开了风险。但是，当球员在巡赛后试着兑现支票时，支票被拒付了。罗宾逊只得将与道奇队签约的 3 500 美元奖金支付给球员。他从未收回这笔款项，手头一直很拮据。然而，这次经济挫折后，更为重要的事情让他稍微宽心。在 1946 年 11 月 18 日，小杰基·罗斯福·罗宾逊在洛杉矶慈善撒玛利亚医院顺利出生，幸福的三口之家正式成立。

第六章

年度最佳新秀

罗宾逊寄宿在蕾切尔的哥哥家时，为了养家糊口再次发挥其运动才能，与洛杉矶职业篮球队红魔队签约。他和其他两名黑人是拯救支离破碎的职业篮球界的几名先驱者。罗宾逊在一次与芝加哥齿轮队的激烈比赛中受伤。齿轮队的乔治·麦肯是20世纪上半叶占据职业篮球界统治地位的球员。在因伤限制其行动前，罗宾逊帮助红魔队创下了8胜1负的纪录。在保持与年轻人工作的职业热情的同时，他还在帕萨迪纳青年会的赞助下，给各种青年团体发表了许多极其成功的鼓舞人心的演讲。1947年需前往春训时，已为人父的现实触及其心中痛处——蕾切尔和小杰基只得留守洛杉矶，一家三口仅能在赛季开始时团聚。

与此同时，布兰奇·里基在寻找其他渠道，并控制对罗宾逊在布鲁克林前景的乐观估计。1947 年 2 月 5 日，他召集社区的 30 名黑人领袖，恳请他们呼吁中产阶级道德观念。他提出告诫，如果黑人过分热情地回应罗宾逊，他们会撤销整个实验。对于罗宾逊是否能加入道奇队，里基始终没有给出明确答复。如果黑人球迷喝醉酒，在看台上打架，以不体面的热情支持罗宾逊，并被捕入狱，则他们就需要对抗白人球迷，并可能在未来达到一个强大到足以使得火车脱轨的后退力。黑人体育记者意识到这种危险，因为他们早就注意到在破坏其他观众观赛的黑人团体存在着“一小撮不守规矩的人”。此外，如果支持者经常和罗宾逊吃饭喝酒使其变胖，他们将会毁了他。在试图与其交好的同时，他们也会将他拖下水。这些人大概了解这种情形。他们中产阶级的地位反映了他们的价值观（努力工作、对家庭和国家忠诚、举止着装得体），在这点上，他们感谢里基的呼吁。他们组建了一个总委员会，向布鲁克林的传教士和调酒师散布这个消息。此外，他们还在其他国家联盟城市组建了类似委员会，保证在道奇队出现时黑人的行为不出格。里基心中还有一个难题。

另一个更复杂的问题就是里基如何促使罗宾逊进

入道奇队。春训提供了机会，大量潜在隐患破坏了里基的计划。由于一笔估计达五万美元的额外费用，他将道奇队迁到种族融合的古巴的哈瓦那，远离佛罗里达种族隔离的危险。然而，在一个未给予充分解释的举动中，里基自己隔离了他的四名小联盟球员：罗宾逊、坎帕内拉、纽科姆和帕特洛。他让道奇队住在国家酒店，这是加勒比海的顶级度假酒店。白人皇家队住在离城镇 15 英里远的新建的国家军事学院。四名黑人皇家队球员则住在哈瓦那市中心的洛杉矶酒店，记者萨姆·莱西称之为不入流的地方。尽管为他们四位安排了汽车并提供餐费，但罗宾逊还是被这种安排激怒了。如果道奇队长期存在这种不平等的现象，球队搬到一个没有种族歧视的国家又有什么意义呢？

罗宾逊发现了更多胡扯的理由。他曾被莫名其妙地报道超重 30 磅，并因此不得不努力减肥。此外，在古巴的大多数时间里，他都被冬季的背伤、需进行小手术的脚趾和导致众多球员遭受折磨的痢疾所困扰。罗伊·帕特洛稍后也来球队报到，而且似乎没有什么动力；可能因与白人打架而受到恐吓，他在逗留古巴的末期被除队。

但是，里基原有的辉煌的总体规划迅速土崩瓦解。根据经常接触可减少种族成见和敌意的理论，他计划在道奇队和皇家队之间举行 12 场比赛，其中 3 场在巴拿马，7 场在古巴，还有两场在布鲁克林。此外，道奇队和皇家队还将在巴拿马对阵拉丁全明星队。与罗宾逊以及巴拿马综合队的对决应能减少道奇队对于黑人球员加入他们球队的抵抗情绪。根据计划，罗宾逊将有上佳表现，这样会使道奇队集体兴奋起来，并坚持罗宾逊就是他们中的一员，从而加大他们在 1947 年赛季获胜的机会。里基希望罗宾逊仅凭他的球技获得晋升，希望他未来的队友承认他的能力，希望在赛场上解决问题，而不是听凭前方决策人员的命令。在巴拿马，他被安排在一垒手的位置，对此他没有进行训练而且也没有经验，因此阻碍了罗宾逊证明自己的能力。在道奇队，队长皮·维·里斯在游击手的位置，“顽童”埃迪·斯丹基在二垒的位置，这也是他在蒙特利尔的位置。罗宾逊的臂力太弱，难以胜任球队有所欠缺的三垒位置，一垒对他来说似乎是最佳位置。但是，在尝试了解一个新位置时，他的守备技巧给旁观者留下了深刻印象，他自己和一些支持者担心他会被安置在一个注定失败的位置，于是重返蒙特利尔学习新位置的相关球技。

支持者蜂拥而至的现象从未出现。然而，罗宾逊在巴拿马强攻拿下对手。巴拿马人（至少是运河区的巴拿马人）曾一度因美国军方歧视黑人的法律感到愤慨，因此黑人球员对种族歧视的挑战让他们兴奋不已。相较于前来观看道奇队对阵巴拿马冠军队的球迷，前来观看罗宾逊和小联盟皇家队对阵巴拿马冠军队的球迷多出了三倍。在巴拿马举行的皇家队与道奇队的三场比赛中，罗宾逊以 0.519 的平均成绩领先于所有击球手，他的大胆跑垒让观众目不暇接。像大多数大联盟俱乐部一样，道奇队的球员多为南方人。明星球员迪克西·沃克和埃迪·斯丹基及后备球员博比·布拉根来自亚拉巴马州，皮·维·里斯来自肯塔基州，柯比·西格比来自南卡罗来纳州，埃德·黑德来自路易斯安那州，休·凯西来自乔治亚州。在棒球界，南方白人的思维定势相当普遍，美国游击手菲尔·里兹图出生在布鲁克林，他觉得自己像是他所在的纽约队里的局外人。那些道奇队南方队友对罗宾逊很冷淡，他们不仅没有对他表示欢迎，甚至掀起对伟大实验的抗议，意图使这个实验中途夭折。

迪克西·沃克是球队的右外野手和最佳击球员，他似乎在传播一种诉求，反对罗宾逊加入道奇队。其他一些南方球员比如布拉根、斯丹基、黑德和西格比，以及宾夕法尼亚州的卡尔·弗里诺和加利福尼亚的古奇·拉瓦盖托也都反对罗宾逊加入道奇队。尤其是皮·维·里斯，他拒绝签约，他有生以来从未曾和黑人握过手，并相信南方人的成见，认为黑人球员在压力下不能很好地发挥。最后，总教练利奥·迪罗谢了解到这种对抗情绪。他看起来似乎也反对里基的做法。尽管他已管理道奇队 8 年，令人印象深刻的是赢得了 0.570 的获胜率，他也赢得了“好色之徒”这个当之无愧的称号。他在离婚后，又娶了刚刚离婚的女演员乐瑞·戴，招致球队中很多人的反感。他还赌博，有时候甚至输掉球员的钱。如果他“说话不带咒骂的字眼，那绝对是一个意外”。除了同样都是胜利者外，他和里基有着天壤之别，这是底线。迪罗谢穿着睡衣睡袍将球员从床上拉起来召开午夜会议，宣读暴乱行为。“我不在乎球员是黄种人还是黑人，哪怕他身上有像斑马一样的条纹，我是这支球队的经理，谁上场比赛我说了算。”球员们只得顺从地闭嘴。

里基第二天飞奔进城，在他的酒店房间逐个召见反对者。迪罗谢说他从未见过他的老板这么生气。沃克因急性消化不良返回古巴，但他留下了一封信，要求进行交换。尽管后来他改变主意，要求里基将信还给他，但里基拒绝了，并在整个赛季寻求与他交换的明星球员。埃迪·斯丹基原来是这出剧中的一个举足轻重的角色。里基曾鲜明地刻画了斯丹基，“他不会击球，不会跑垒，不会接球，不会将其他球员杀出局。他能做的就是击败你。”里基曾在1947年一反常态，给斯丹基开出丰厚的薪水，他知道争强好胜的二垒手会欠他一个人情。现在斯丹基掌握了主动权，促成许多反对者组成统一战线。他也证实了在赛季时自己是罗宾逊的坚实支持者，还是促成罗宾逊被认可接纳的关键人物之一。那些不悔改或仍旧冷淡对待罗宾逊的球员发现被抛弃的是他们自己。

回到古巴之后，里基的计划继续瓦解。在对战道奇队的七场比赛中，罗宾逊因为胃部病痛和受伤仅参加了其中四场比赛。而且在比赛时也不时失手，很少击球。总体来说，他并未为自己的晋升赢得任何新的支持，尽管新闻记者已大体确定罗宾逊应加入道奇队。当温德尔·史密斯在 3 月末告诉罗宾逊（并在他的专栏中写道）他将于 4 月 10 日获得晋升时，他脸上露出了笑容。在赛季公开赛的前一周，球队前往布鲁克林，这位超人不得不尝试不同的方法。他指望依靠迪罗谢强有力的领导风格帮助罗宾逊在赛季初始获得成功。现在，罗宾逊的名字仍在蒙特利尔队的名册上，并且时间还有一个星期。迪罗谢在 4 月 9 日公开宣称黑人新球员是道奇队赛季获胜的关键，并要求里基让罗宾逊加入大联盟俱乐部。里基勉强默许。然而，在 4 月 9 日上午，理事长“快乐汉”钱德勒宣布暂停迪罗谢本赛季棒球比赛的工作。这一离奇的决定产生于洋基队和道奇队的强烈对抗。因赌博遭到攻击的迪罗谢指出洋基队老板拉里·麦克菲尔也曾在比赛时与赌徒闲混，并对这种双重标准表示谴责。钱德勒对洋基队处以罚款，就连麦克菲尔都承认惩罚有些轻。因为丢了面子，里基干脆宣布罗宾逊在 4 月 10 日道奇队与皇家队的最后比赛中获得晋升。对于罗宾逊，任何有关里基的疑问都烟消云散了。里基遵守了诺言，黑人新秀成了一名忠诚的信仰者。

周末，道奇队与跨城的对手洋基队进行了最后三场表演赛。八万多人挤满了埃贝茨球场，尽管罗宾逊连续完成五次跑垒，但是几个洋基队球员告诉《体育新闻》说罗宾逊在一垒位置的表现看起来很笨拙，可能不会长期作为开局球手。星期一，蕾切尔和小杰基从洛杉矶飞过来，住在麦卡尔平酒店。这个酒店是道奇队经常住宿的地方。在罗宾逊还未证实自己实力前就长期预订房间似乎太轻率了，尤其是在战后住房短缺的情况下。令人高兴的是，夫妇俩去年夏天在佛罗里达的痛苦遭遇似乎已变成遥远的记忆了。

那年春天，美国急剧变化。3 月，总统哈里·杜鲁门提出杜鲁门主义，承诺原来的孤立主义国家捍卫自由，使其免遭国内外的侵犯，尤其是来自共产主义的侵犯。4 月，杰基·罗宾逊打破棒球大联盟的肤色界线，开始解开长期以来玷污国家理想的各种种族限制。6 月，国务卿乔治·马歇尔宣布一项计划，准备重建欧洲使其成为强大的贸易伙伴，并帮助美国对抗共产主义。这三项举措在十年前是不可想象的。

1947 年的棒球大联盟反映了半个世纪前的人口统计情况。1903 年，美国联盟和全国联盟成立，在近半个世纪的战争与和平中人口迁移变化很小。大联盟仅由 11 个城市的 16 支球队组成，其中圣路易斯既是最靠南也是最靠西的城市。大联盟球队的组合情况如下所示：

美国联盟	**全国联盟**
波士顿红袜队	波士顿勇士队
费城运动家队	费城费城人队
纽约洋基队	纽约巨人队
华盛顿参议员队	布鲁克林道奇队
圣路易斯布朗队	圣路易斯红雀队
芝加哥白袜队	芝加哥小熊队
底特律老虎队	辛辛那提红人队
克里夫兰印第安人队	匹兹堡海盗队

各球队在各自联盟中开展了 154 场比赛，22 场比赛对阵各对手，11 场主场比赛，11 场客场比赛，非正式地设置在东部和西部的公路旅行中进行。获得奖旗的球队将在七战四胜制的世界系列赛中一决高低。

罗宾逊的新家布鲁克林曾是五个纽约市行政区之一。这五个市行政区于 1898 年合并成一个大城市。

单独来看,布鲁克林可挑战芝加哥成为美国位列第二的城市。这里通行各种语言,集合了几乎各地的移民,比如意大利、爱尔兰、波兰、德国、俄罗斯、加拿大,甚至密西西比的移民,包括黑人和白人。这里有近三分之一的犹太人,可能是世界上最大的犹太飞地。20世纪二三十年代,道奇队("电车闪避者"的简称)一直在全国联盟的底层徘徊,有时他们的一些滑稽动作使他们获得了"流民"(Dem Bums)及"傻瓜男孩"(Daffiness Boys)等深受欢迎的昵称,以赞美他们极具吸引力。1939年,拉里·麦克菲尔离开辛辛那提接管道奇队,成为道奇队的总经理。球队开始获得名望并于1941年赢得奖旗,这是自1920年以来的第一次。里基的到来和一流分会制度的发展为其持续的卓越发挥提供了保障。道奇队在1946年的比赛中与红雀队不分胜负,有史以来第一次在最后决赛中失利。然而,大多数体育记者都没想到他们在1947年变得非常有竞争力。道奇队在1946年仅打出55个本垒打,但他们凭借自由上垒、盗垒和三垒打获得96胜。他们似乎已经极为成功了,利奥·迪罗谢通过强有力的管理赢得了大部分人的信任。现在,迪罗谢离开了,球队的前景一片黯淡。

杰基·罗宾逊以其特有的内八字脚迈入道奇队。虽然没有人相当肯定道奇队的未来，但罗宾逊对其他人来说更是一个谜。他保持平静，相信自己可以在大联盟有出色表现。他在蒙特利尔队的一年磨炼给了他这种自信（即使有记者认为他的出色表现是因为宣传，而不是因为他是天才。最后的结论就是，和天赋不同，宣传的力量是会褪去的）。队友或对手的反对困扰着他，但并没有动摇他的使命感，他想要调和这个国家的实际情况和理想观念。他调和着自己的自信，至少是一点点，他意识到自信与撒旦式的骄傲之间只有一线之隔，他要抵制骄傲。里基将他带入道奇队再次确认了他的使命。

但是，罗宾逊的到来对整个棒球文化构成了威胁。在铁路时代，球员有大把时间在一起打牌、谈论棒球、从一个城市到另一个城市旅行并且在抵达目的地后待在酒店大堂。有些球员对队友的了解甚至多过对自己妻子的了解。如果黑人加入球队，错综复杂的社会秩序可能会发生变化。黑人球员将如何适应？他们能适应吗？批评家还担心如果棒球比赛中涉及公民权利问题，那么一直意味着逃离"现实世界"的棒球，现在也成了公民权问题的延伸。对于一些人来说，打棒球的意义只是无限期地延长青春期。而黑人白人的融合则挑战了这种可能性。

4 月 15 日，罗宾逊出发前往棒球场时，看似并未因他所肩负的巨大责任而受到干扰。他跟稍晚来到球场的蕾切尔打趣道："万一你有麻烦来找我，我穿上 42 号球衣帮你搞定。"他看似冷静而自信，但他远未意识到他的种族负担。《波士顿纪事报》发表了一篇标题为"杰基在大联盟球场的首次亮相尽显种族胜利"的文章。当他到达道奇俱乐部时，一些球员向他致意表示欢迎。他记得拉尔夫·布兰卡和吉恩·赫曼斯基的名字，但还不知道其他球员的姓名。大多数球员都只顾自己的事情，对他不予理睬。发现他并帮助他的克莱德·舒克弗斯在前两场比赛中暂时担任总教练，亲近他并给予安慰，在开幕赛中将他安置在一垒手的位置。里基不希望罗宾逊作为替补击球手缓慢地进入球队，而是采取了预防措施，谨慎地提拔罗宾逊。里基认为罗宾逊接受考验的时刻到了。罗宾逊穿上了他的道奇队白色球服，他几乎不敢相信这球衣就是他的。"球服穿起来很合适，可我还是觉得自己像一个陌生人或不速之客。”在某种程度上，这种感受是有依据的。名册上他的编号还没有从冬天的40号变成赛季的25号，他还没有衣帽柜，只能在更衣室背后的钉子上挂衣服。罗宾逊总是等到白人球员洗完澡后才去洗，直到5月初阿尔·乔弗里多被交换来并拉着他一起去洗澡。

投手拉尔夫·布兰卡仅21岁，来自他所谓的“附近的国际联盟”，因为该联盟由多个种族组成。当美国国旗升起时，他总是站在罗宾逊的旁边。罗宾逊在大联盟的首次比赛，对战波士顿勇士队的高手约翰尼·塞恩，但未达到前一年他在蒙特利尔开场赛的壮观程度。他打出滚地球到三垒手的位置，击出飞向左野的高飞球，并在前三次接近本垒板时命中双杀。他在第四次上场击球时，击出牺牲短打，迫使投手赶紧投向一垒位置，擦过罗宾逊挥舞着的手臂，并使得跑垒者跑向二垒和三垒的位置，因此击中得分。尽管罗宾逊通过一个牺牲打三振出局，但跑垒得分。（他在第二天首次击中，在第五局完成一个完美的短打上一垒）

令人惊讶的是，埃贝茨球场在这一历史性时刻竟然没有卖完球赛票。该球场可容纳32 000人，但在场者仅有 27 000 人，比前一年少近 2 000 人。通常，场上仅有 5%—10%的黑人球迷，但这场比赛约有 60%是黑人球迷，也就是说在场者仅有 12 000 位白人球迷。毫无疑问，一些白人球迷离开了，因为他们感觉不舒服，而且也不确定黑人球迷将有怎样的举动。但是黑人球迷铭记警告，他们身穿仅在特殊场合穿着的做礼拜时的盛装，潜在的动荡局势也尽在掌握之中。比赛结束之后，《纽约时报》仅在体育版对其进行了报道，并且没有涉及种族问题。实际上，新闻报道回避了赛季大部分时间的种族融合内容。体育新闻记者缺乏处理现实问题的框架和经验，因此只得选择忽视而只报道比赛。但是，大约有 250 名球迷，其中大部分为白人，等在球场外，期望见到罗宾逊并索要签名。《纽约太阳报》戏剧评论家沃德·莫尔豪斯非常有胆量和魄力，他在当晚来到罗宾逊的房间，了解他对这些事件的反应。对于所发生的事情，罗宾逊感谢上帝，称赞了“狂热的”球迷，并表示他会尽最大努力。他表示明白首次亮相的重要性：“我知道，今年是对我的考验。”

对于他们接下来的两场比赛，道奇队跨过东江，在曼哈顿岛北端的马球球场对阵纽约巨人队。全国联盟主席福特·弗里克对附近哈勒姆区热情高涨的黑人球迷有所担心。约七十万名黑人居住在哈勒姆地区。福特·弗里克还暗示也许脚踝扭伤或其他意外导致罗宾逊不能参赛。尽管 38 736 人前往观看星期五下午的比赛，新闻中并未报道黑人球迷的任何不寻常举动。许多观赛球迷（比如 10 岁的科林·鲍威尔，未来的国务卿）既希望罗宾逊发挥出色，又希望巨人队获胜。他们的愿望得到了满足。罗宾逊在第一场比赛中击出本垒打，然后再在第二场比赛中，三次击中打得三分，并创下单场比赛 53 091 名球迷的纪录，但是道奇队的表现不佳。罗宾逊基本在右前方跑垒。

里基曾指望迪罗谢在罗宾逊的首个艰难赛季带领他，但现在他走了。因此，道奇队主席挑选了一个老职员伯特·肖顿。伯特·肖顿曾为里基效力，管理圣路易斯队，并在星期天比赛中担任总教练。他管理大联盟和小联盟已有多年。肖顿在佛罗里达为道奇队物色球员时收到一个简短的电报："明天上午到布鲁克林。什么人都别见，什么话也别说。里基。"对于这个管理职位，他感到很惊讶，他当时正在巨人队球员休息处。相较于迪罗谢，这位戴眼镜队长的举止更似里基，他的言语在主日学校也是合适的。安静自信的肖顿觉得62岁的人太老了,不适合穿上棒球服上球场。当他和费城运动家队的康尼·麦克在1950年赛季结束后退役时,避穿球服的最后两位教练都走了。脱下球服意味着他不能去球场,且不能与裁判员争辩。与裁判员的争辩是迪罗谢的标志。但他的神态自若给了罗宾逊一种宁静平和的感觉,这种感觉是暂停职的队长所不能给予的。

肩膀的疼痛妨碍罗宾逊进行摆动动作,他需要冷静。4月余下的时间里,他一直都很消沉,击球率仅为0.225,20轮投球0中,离被换下场还有一场比赛。事情进展不顺利时会让人感到压力巨大。尽管里基后来说,罗宾逊的工作从来都没有出局的危险,但这名球员并未意识到这点。当费城人队于4月22日抵达时,本赛季走出了低谷。亚拉巴马州出生的经理本·查普曼在20世纪30年代作为洋基队球员以仇视犹太人闻名,他责令他的球员毫不客气地压制罗宾逊,并使用罗宾逊在他的职业生涯不曾听到的恶言恶语。情况很糟糕,以至于道奇队拿走了正在发出不敬言语的无线话筒。球员们模仿机关枪的声音朝罗宾逊击球,一天之内几乎没有什么好的行为，诽谤攻击仍时有发生。罗宾逊接近崩溃的边缘，有时甚至冒出这样的想法，“去死吧，里基先生的高尚实验，我可以扔下我的球棒，大踏步迈向费城人队休息处，抓起那些白鬼，用我被人蔑视的黑色拳头打碎他的牙齿。然后从他面前走开。”他抑制住心中的怒火，并且把怒火发挥到打球上。在第八局中，他打出一垒打，盗上二垒，唯一一次跑垒得分。然而，大联盟并未意识到激怒罗宾逊是不明智的。

到系列赛的第三场比赛时，埃迪·斯丹基被球打到。他对这种不遵守规程的行为感到震惊，勃然大怒地对查普曼大声吼道：“你这个黄肚皮的懦夫，你为什么不挑敢于还击的人？”甚至迪克西·沃克也告诉查普曼，他不守常规。里基曾预测，一旦罗宾逊赢得球队的尊重，并得到球员的支持，伟大的实验就成功了。查普曼卑鄙地扰乱对方球员或裁判的行为无意中将道奇队球员集结在了四面楚歌的队友周围，这多少令里基感到喜悦。违反规程也激怒了理事长，一些球迷抱怨查普曼丑陋的嘲弄行为。钱德勒命令费城人队从他们扰乱对方球员或裁判的行为中去除种族歧视的因素。显然，这种脏话是让人很敏感的。查普曼对此表示惊讶，他认为没有做任何违反常规的事情，但他经常给新秀起带种族色彩的绰号，比如“移居美国的南欧黑肤人（wop）”“拉丁佬（dago）”“犹太佬（kike）”或“波兰血统的家伙（Polack）”。他似乎没有抓住罗宾逊的种族所代表的差异程度。与此同时，罗宾逊的克制更美化了他的坚强和勇敢的声誉。

5 月初，伟大的实验碰到一个转折点。罗宾逊在 4 月最后轮到他击球时，打出安打，接下来的五个阴雨天让他恢复了肩伤。当比赛重新开始时，他开始击球，因为他知道他可以做到。这一突破给了他很大的心理鼓舞。如果他发挥出色，他就可以更容易地处理他的负担。狭窄的住处当然可以算作是一种负担。当一个女人打来电话，说可以在二室一卫的家中为他们夫妇提供一个房间时，罗宾逊夫妇看都没看就接受了。他们挤在一个没有窗户的房间里，房间里仅有一张床、一个梳妆台和一个婴儿床，没有椅子、没有餐桌，也没有书桌。进入客厅，仅有一条窄得不能再窄的通道，而且总是被一个男性住户侵占。他们通常避免在住处周围推着手推童车长时间走路。即便如此，罗宾逊仍在进门前就将所有压力抛之脑后，而不让蕾切尔感到有任何压力，他们的小家就像一个和谐的避难所一样。蕾切尔知道他抑制着他的焦虑，不想麻烦她。她耐心地等待他乐意与她分担他的焦虑。对于资金短缺的问题，罗宾逊曾答应里基半个赛季都不做任何代言，这迫使他拒绝了一些能快速获得现金的机会。里基认为做代言会贬低他的崇高实验，一些人会怀疑罗宾逊只是想利用他的商业机会来赚钱，而不仅仅是打棒球。道奇队指派罗伯特·曼回复写给罗宾逊夫妇的大量邮件，并处理邀请罗宾逊进行演说的无数邀请函。处理方式基本就是拒绝任何提议。总之，球队尽力减少多余杂念对罗宾逊的干扰，让罗宾逊能专心打球。

在5月的前两个星期，道奇队采取了一些具体做法，以期提高罗宾逊的舒适感。5月3日，他们交换了五名球员至匹兹堡，包括种族主义者柯比·西格比和迪克西·豪厄尔，换得外场手阿尔·乔弗里多和二十五万美元现金。在当时，这相当于一笔巨款。球迷们惊呆了，尽管记者们并没有关注这一点。里基将一些反对罗宾逊的球员除队。6月，里基还差点儿将迪克西·沃克换到海盗队，但当皮特·赖泽闯入中外场并被逐出首发阵容时，道奇队需要他们的老将外野手，于是交易谈崩。更令人鼓舞的是，球队放弃了1946年的一垒手，将埃德·史蒂文斯贬至蒙特利尔队，并将豪伊·舒尔茨交换到费城人队。罗宾逊在赛场上有了自己的位置。

他也似乎已经赢得了布鲁克林的一位关键人物的信任，解说员雷德·巴伯。雷德·巴伯出生在密西西比州，他曾受聘担任1939年道奇队比赛的广播解说员，打破了该城市不愿为赛事让步并削减参加人数的做法。他的口头语令人愉悦，很快征服了这座城市的人民。当道奇队发挥出色时，雷德·巴伯形容他们"挖开了豌豆畦""处于非常有利的位置"。一个快球投手"将剁碎的羊羔扔向一头饿狼"。当里基告诉他罗宾逊即将签约时，他最初感到惊恐，但经过长时间的反思后，巴伯认识到没有人能选择自己的父母。这种觉醒使得他能以中立的态度描述罗宾逊在赛场上的征战。巴伯在广播中描绘的罗宾逊的形象改变了全城人民对他的看法，包括监狱犯人马尔科姆·利特尔，未来的马尔科姆·X，他也成了一名热情的球迷。一天，巴伯自然地称呼这位新兴明星为"罗比"，一个相当可爱的新绰号，而能让巴伯起绰号是一种荣誉。

圣路易红雀队竭力捍卫自己联盟冠军的地位，在5月6日前往埃贝茨球场参加比赛。尽管当时没有什么证据，但看起来那次的比赛意义重大。5月1日，红雀队老板萨姆·布莱顿飞往纽约与全国联盟主席福特·弗里克进行商议。布莱顿听到传言说，他的球员可能对阵道奇队，他抗议罗宾逊上场比赛。弗里克很明确地对布莱顿说，告诉他的球队“这是美国，棒球是美国的比赛”。反对者将被禁赛。布莱顿找球队的球员代表马蒂·玛丽昂和特里·穆尔这两个南方人谈话，他们否认存在任何阴谋。布莱顿打电话给弗里克，告诉他这件事情已解决。道奇队—红雀队的系列赛顺利进行，罗宾逊在他的击球手位置上狂奔。5月10日，红雀队离开后，斯坦利·伍德沃德在《纽约先驱论坛报》上发表专栏文章，揭露过度紧张、高度投机的戏剧性散文情节，包括暗讽地指称“来自十二指肠病带的小子们”。他引用了一个几乎不存在但强有力的弗里克面向红雀队的演说，并将直接干预以阻止暴乱的功劳归于弗里克。然而，伍德沃德纠正了许多细节信息，并重新转载了这些引语。弗里克愉快地接受了历史学家称之为其管理的最佳状态的赞扬。伍德沃德所描绘的弗里克关于终身禁赛威胁的形象，加上钱德勒对本·查普曼的指责，使得棒球界坚定地支持罗宾逊和种族融合。歧视黑人的法律在棒球场上已经失败了。圣路易斯的《体育新闻》极具讽刺意味地描述了这种屈服的情形。针对棒球界进行种族融合运动的长期批评，文中说："黑人进入大联盟是一个既成事实。"面对这个事实吧。也许伍德沃德已坦然面对，而纽约的报纸一直高度支持种族融合实验，5 月 10 日后，他们大幅减少了对种族事件的报道。在他们看来，这起事件已结束。

当然，当时的情况并非如此。道奇队预定于 5 月 9 日前往费城。费城人队总经理赫布·彭诺克打电话给里基，警告说："不要让那个黑鬼和你的球队一起。我们对此还没准备好。如果他上场的话，我们将拒绝和你们布鲁克林球队比赛。"他这里所说的"我们"就是对任何人的猜测。里基说，事实上，如果费城人队如此愚钝的话，他会很高兴取消因对方弃权而赢得三场比赛。费城人队并没有那么做。但是当球队抵达他们多年投宿的本·富兰克林酒店，并为包括罗宾逊在内的名册上的球员预订房间时，酒店拒绝为他提供房间。罗宾逊在阿特克斯酒店订到房间，其他球员也登记入住了这个酒店。但在之后的旅途中，球队入住了更高级别的沃里克酒店，这个酒店并未拒绝罗宾逊，因此整个球队住在了一起。费城人队的管理者担心对球队造成不好的影响，要求查普曼和罗宾逊合影。经理拒绝和罗宾逊握手，但他们像老朋友一样共握一支球棒。查普曼悄悄地说："杰基，你知道的，你是一名很优秀的球员，但对我而言，你仍是一个黑鬼。"罗宾逊在他的"杰基·罗宾逊说"专栏（这个专栏是与温德尔·史密斯合作的）写道，他相信查普曼并没有像他在布鲁克林呼喊的那么重要。后来，他在自传中承认，那张照片是他一生中不得不做的最令人厌恶的事情之一。

在球场上，事情似乎更加顺利，但幕后却流传着各种传闻。当道奇队到达匹兹堡时，海盗队拒绝比赛，直到裁判给他们5分钟时间来决定准备开赛或放弃比赛。海盗队最终选择了比赛。据投手汉克·怀斯所说，小熊队到达布鲁克林时，他们一致投票决定拒绝参赛，但当理事长办事处告知他们这样会被终身禁赛时，他们又改变了主意，同意比赛。怀斯认为，所有全国联盟球队都曾进行过投票，且投票结果相似。谣言和现实真假难辨。球员们说话时相当粗暴，就好像他们要大胆地采取行动一样。但毫无疑问，冷静反思打消了许多这样的可能性。棒球手不想在棉纺厂度过余生。4 月和 5 月投手向罗宾逊投球，在整个赛季中，1946 年的领袖只有这两个月击中了罗宾逊六次。但是一旦他开始击球，投手们发现只要他在垒上，就是他们最糟糕的噩梦。在本赛季的最后四个月他们仅击中他一次。然而，球迷们比投手更难以控制。整个赛季，匿名威胁信不断。有些匿名信件中甚至威胁说，只要罗宾逊参加这类比赛，他们就会射杀他，或绑架他的儿子，或袭击蕾切尔。大部分信件都被丢弃了，通常无法找到写信人，因为他们使用的都是虚假姓名和地址或者匿名。多年后，解除这类威胁是很容易的，但对于黑人来说，要在二战后打破种族障碍不是儿戏，因为二战后他们的生命经常面临着严重威胁。

争取队友花了罗宾逊不到两个月的时间，与前一年在蒙特利尔队的经历相似。他不爱出风头，这点得到球员们赞赏。在火车上，他似乎被窗外的风景吸引或全神贯注地看书，免去他人与其交谈的必要。皮·维·里斯仔细地思考了如果他在黑人联盟中打球会是怎么样的情形。他能理解罗宾逊，并认为他可能需要其他球员先迈出一步，或早点儿作出肯定他的行动。里斯听说罗宾逊赛前热身时遭受辱骂，他走过去，伸出胳膊随意搂着他的肩膀，仿佛在讨论战略问题。里斯的行为，无论是在 1947 年初的辛辛那提还是在 1948 年初的波士顿，都向人们发出了正确的信号，并使得人群安静平息下来。到了夏天，罗宾逊已经可以安心地坐下与其他球员共同进餐或在没被邀请的情况下加入他们的纸牌游戏。他将社交方面受到的任何挫折都转移到了球场上的高强度动作中，这是在他掌控之中的。即使在喧闹声中他也照常全力以赴，“任何时候都相信自己比对手了解更多”。

蕾切尔缺乏这种身体上的发泄渠道，她更敏锐地感受到了社会对他们的排斥。赛季初的比赛后，她在埃贝茨球场外见到罗宾逊，她想知道其他球员的妻子在哪里。最后，克莱德·金夫人看到她，拉她去看台下她们与丈夫见面的地方。道奇队球员的配偶们定期聚餐，但蕾切尔加入她们后，她们就停止了聚餐活动，直到琼·霍奇斯斯责备她们说，“我们现在不是在南部”，并重启她们的聚餐活动。蕾切尔也参与其中。不过，罗宾逊夫妇并未受邀参加赛季期间的一些小型社交活动，比如晚餐或看电影，这使得他们的社交生活有些空白。奇怪的是，在布鲁克林的第一年，这对虔诚的夫妇并未参加教堂活动，从而错过了一些社交互动的好机会。然而，他们在道奇队之外结交到了一些新朋友，他们尤其享受在牧师莱西·科温顿家里的星期天晚餐。牧师的妻子弗洛伦丝将他们夫妇介绍给黑人社区的其他领导人。尽管有一些不如意的地方，但罗宾逊夫妇仍然很享受在布鲁克林的时光。

罗宾逊在圣路易斯、辛辛那提和芝加哥广受瞩目，吸引了众多球迷。他的球迷数量之大创下了纪录并接近历史最高纪录。5 月 27 日，道奇队在马球球场对阵当地竞争对手巨人队，前来观赛的球迷创下晚间新纪录，达 51 780 人。而在哈勒姆河对面的洋基球场，纽约黑人洋基队和霍姆斯蒂德古雷斯队的比赛仅吸引了 2 600 名球迷。不管是白人还是黑人，他们都觉得罗宾逊是一个传奇。他们的团体领导人提醒黑人球迷说，黑人球迷在全国联盟比赛时表现良好，有助于从赛场上的种族融合顺利过渡到观众席上的种族融合。6 月 12 日，在圣路易斯，偏执的红雀队表现确实很好，看台上的一些令人生厌的种族侮辱行为导致观众自发起立为罗宾逊鼓掌，伟大的实验在人们道德观念中产生了显而易见的转变。道奇队在本赛季的政策就是不公然反对当地歧视黑人的规则，但要逐渐削弱这些规则。直到1954年，圣路易斯的切斯酒店仍禁止球队中的黑人入住，这迫使罗宾逊、坎帕内拉和纽科姆住在没有空调的公主酒店。辛辛那提的荷兰广场酒店准许罗宾逊进入房间，但禁止他使用开放式餐厅或游泳池。然而，当蕾切尔陪同他前往辛辛那提时，夫妇俩紧张地走进餐厅后入座。领班却拿着一个球来到他们桌前索要签名，然后说道："杰基，整个赛季我都在等着你来这里呢。"玻璃杯也许仍旧半空着，但它也是半满着，并且会越来越满。

罗宾逊对观赛人数的影响被夸大了。在战后的一片繁荣中，球迷蜂拥观看各大联盟的比赛。包括道奇队在内的五支球队都创下了新纪录。布鲁克林道奇队在其历史上第一次也是最后一次吸引了180万名球迷，平均每场比赛有两万六千名球迷，而大萧条时期平均每场比赛仅有8 500名球迷观赛。前者是后者的3倍多。在巡回比赛中，道奇队也创下纪录，吸引了190万球迷。道奇队参赛时，观赛人数上升10%；而如果他们不参赛，观众人数反而上升 19%。棒球的门票收入在 40 年代后期不断高涨，是因为联赛繁荣、紧凑，而且那是没有电视竞争的最后岁月。

布鲁克林也在变化。更多的黑人迁入这座城市，白人则开始迁至长岛，在那里他们将继续忠实于球队，但通常是在远处。多丽丝·卡恩斯·古德温的怀旧回忆录《等到明年》动人地描述了邻里店主间的亲密氛围，以及前往棒球场观看下午比赛的情形，当他们沿街道行走时将收音机调到相同电台收听雷德·巴伯的声音，聆听他关于生活在这座城市的球员们的解说，他们在赛季结束时像现实中的人们一样照常工作。尽管对团体及对道奇队的这个感觉一直持续了 50 年代的大部分时间。但是在 40 年代末期，已经可以想象到未来的情形了，即富裕的美国人在郊区建起带有可停放两辆车的车库的家，偶尔驱车到被大型停车场而不是一个社区包围的棒球场观看比赛。

虽然这种长期趋势只能慢慢体会，但特立独行的比尔·维克在 1943 年曾试图买下费城人队并允许白人黑人合队，他极力赞成种族融合的潮流。他于 1946 年买下克里夫兰印第安人队，并十分肯定他会签下一名黑人球员，到 1947 年中，他通过招募第二名黑人进入大联盟，给予了罗宾逊具体的支持。拉里·多比 23 岁，像罗宾逊一样，不喝酒抽烟，曾接受过大学教育。他在与纽瓦克老鹰队对战时，击球率达 0.458，维克向其老板艾弗·曼利出价一万美元。如果多比加入俱乐部，则另外提供五千美元。维克回避了里基对栽培罗宾逊进行的精心策划和准备，并跳过所有的中间环节，尽管两人首次见面时他有关于多比的大量信息。7 月 4 日，多比对阵老鹰队，第二天他来到芝加哥，会见了维克，签署了一份合同，加入印第安人队，对阵芝加哥白袜队。

但是他在哪个位置打球呢？多比是一个中间的内野手，印第安人队已经有球员兼教练卢·布德罗在游击手的位置以及全明星球员乔·戈登在第二垒的位置。维克甚至没有在新招募之前和布德罗讨论他的计划。害羞谦逊的多比与克利夫兰印第安人队度过了艰难的三个月，既没有融入球队，也没有上赛场。戈登看见多比在一旁无所事事，邀请他来热身，开始赛季配合。没有几个印第安人队员与他交往接触。他努力打出 32 个球，但仅仅命中 5 个，平均击球率为 0.156。然而，维克热情地支持多比。当一些边缘球员抱怨这个黑人入侵者时，维克就以到新队的环境变化来威胁他们，“很远，有很多站”。尽管如此，浮夸浮躁的维克和深思熟虑的里基之间还是有着明显的差别。幸运的是，具有传奇色彩的中外野手特里斯·斯皮克在接下来的春训中照顾多比，使他成了优秀的外野手，并最终成为名人堂成员。

两个星期后，可怜的圣路易斯布朗队签下两名堪萨斯城君主队的黑人球员：外野手威拉德·布朗和内野手汉克·汤普森。与媒体对罗宾逊故事的巨大反应相比，几乎没有人注意到布朗队。他们在当月早些时候的比赛中仅有 478 名球迷观赛。布朗队同时有两名黑人球员上场，这是第一次，但实验遭到破坏，一个月内这两名黑人球员又被送回君主队。布朗队击球率为 0.179，永远不能返回大联盟。汤普森绝对不能通过里基的性格测试，这是一个改良的学校产品。他总是拿着一支枪，并且喝得酩酊大醉。然而，他后来作为巨人队球员重新露面，并在大联盟打了 9 年球。

这个时候，黑人联盟处于被包围中。他们最后的辉煌在 1947 年 7 月 27 日，当时东西部比赛抽出

48 112名球迷到芝加哥科米斯基公园，丹·班克黑德在投球区土墩获胜。但是，随着1947年赛季慢慢过去，黑人比赛的观众开始急剧下降。社会学家E.富兰克林·弗雷泽和其他人指出，相较于黑人机构组织，黑人在种族融合的环境下更重视个人成就。这样的现实注定了黑人联盟的衰退，因为他们的球迷越来越认同罗宾逊和他的被广为宣传的事业。体育记者丹·伯利指出，至少有400万名黑人因为罗宾逊而成为棒球迷。黑人棒球的推广在很大程度上依赖于资源和发行量均有限的周报，很容易被大规模发行的报纸上关于罗宾逊的每日报道、广泛传阅的类似《体育新闻》这样的周报及道奇队比赛的电台广播抢走风头。黑人联盟的最佳生存希望就是参加有组织的棒球联盟，成为为大联盟的未来作出贡献者。尽管偶尔也有这方面的讨论，但是"快乐汉"钱德勒及白人棒球组织从未给予过经营不善的黑人联盟一些支持。

同时，里基很高兴看到其他球队效仿他们。他不刻意寻求黑人天才，相信出现几支球队的种族融合更好，这样他们不会再将道奇队视为异类。大多数体育记者都参与到这种种族变革中，并期望在短短几年内在大多数球队实现种族融合。他们过于乐观。仅有十几名黑人在 1947 年出现在小联盟,包括 4 名道奇队球员和 6 名来自殖民地联盟中独立的斯坦福德球队的球员。里基采取了一个更像维克的举动。8 月末,他从孟菲斯红袜队签下东西部比赛中获胜的投手丹·班克黑德,参加道奇队比赛,跳过他认为相当重要的小联盟的经验。丹·班克黑德的四个兄弟都在黑人联盟,他在第一次的大联盟比赛中击中了本垒打,但在 3 局中让对手击中 10 次,他的自责分率达 7.20,这使得他在 1950 年赛季在道奇队有出色表现之前先退回至小联盟锻炼了两年。

到 7 月末,道奇队已奠定了 10 场比赛的领先优势,并在过去两个月对战红雀队时以五场比赛 94—60 的纪录赢得了优胜锦旗。8 月 20 日,罗比(他曾被批评在一垒位置的步法使得他看起来身体脆弱)似乎被与他进行激烈竞争的伊诺斯·斯劳特故意踩伤了,双方之间的紧张局势出现了种族倾向问题。红雀队外野手差点弄断罗宾逊的跟腱,从而结束他的职业生涯。究竟只是斯劳特的进攻太过激烈,还是北卡罗来纳州队予以否认的种族原因所致,已无从考证。罗宾逊没有采取报复行动，从而避免了潜在的大规模的对抗。9月中旬，红雀队接球手乔·加拉乔拉在一垒的位置抓住罗比的脚。当罗宾逊在下一局击球时，两人发生了争吵，直到裁判进行干预才停止。但这一事件也过去了，罗宾逊又恢复了冷静。

赛季结束后，罗宾逊获得了第一个由《体育新闻》颁发的美国棒球作家协会年度最佳新秀奖。该报纸之前曾反对种族融合，并在关于获奖的报道中引用了迪克西·沃克的话："在这个俱乐部中，除了（接球手）布鲁斯·爱德华兹外，没有其他球员可以比得上罗宾逊对道奇队的贡献。当他从蒙特利尔队过来时，布兰奇·里基说过他是最重要的球员。"在球队队列中，沃克被排在罗宾逊后面的位置，罗宾逊在垒上干扰对手的动作他获益不少，得到了更多的（因对方投手打坏四个球而）保送上垒，击中很多快球这样有助于接球手将球投向盗垒的罗宾逊，并且获得更多的跑垒得分和更高的上垒率。罗宾逊的数据不只是他在垒上发泄愤怒的结果，而是代表着数据本身。他的击球率为0.297，不足0.300，他拒绝肖顿提出的耐心看完最后一场比赛以保护他的平均分的提议，并且三振出局。他以125

的跑垒得分在全国联盟排名第二。他的 29 个盗垒和 28 个牺牲短打也均在大联盟处于领先地位。(见有关罗宾逊完整职业生涯统计的附录)

世界系列赛开始之前,各种荣誉向罗宾逊铺天盖地而来。他成为《时代》杂志 9 月 22 日那一期的封面人物,封面以棒球为背景。在年终有关最受欢迎的人的民意测验中,他位列第二,仅次于低声吟唱感伤流行歌曲的著名歌手平・克劳斯贝。此外,在埃贝茨球场,9 月 23 日被定为杰基・罗宾逊日。在棒球运动员工资相对不高的当时,一点点的赠予都会对他们产生重要影响。为此,杰基和蕾切尔的母亲玛丽・罗宾逊和泽莱・伊萨姆从加利福尼亚飞过来,观看世界系列赛。这是她们俩第一次乘坐飞机。球迷们赠予罗宾逊夫妇一辆双色的卡迪拉克牌汽车(再也不用坐巴士了,蕾切尔说)、一台电视机、一台便携式收音机、餐具、一块金表和其他物品。这些礼物对他们是一种宽慰,但是罗宾逊夫妇现在已经不再缺钱了。当罗宾逊以 3 500 美元与蒙特利尔队签约时,他的收入比全国中等家庭收入多 500 美元,并且是黑人中等家庭收入的两倍。他在布鲁克林的最低工资为 5 000 美元,与许多教授和会计师的工资相当。但实际上，和里基一样，罗比把钱看得非常紧。他从不给自己买新衣服，不买车，晚上也从不带蕾切尔去奢侈一把。这也基本反映了他青年时代的贫困日子对他造成的影响。但是他脱离了贫困。罗宾逊从他在赛季中期不进行任何商业活动的诺言中解脱出来，已经通过代言积累了许多钱，包括“旧金牌”香烟，尽管他并不抽烟。根据一项估计，他的总收入超过了除鲍伯·费勒和汉克·格林伯格以外的任何一名球员。幸运的是，蕾切尔似乎从未因罗宾逊一生节俭而有任何怨言。

世界系列赛是全国首屈一指的体育盛会。两场季后赛冲淡了十月的经典赛事，在七场四胜制的比赛中道奇队对阵当地克星——有很大优势的洋基队。他们曾在1941年系列赛中对战，洋基队赢得5场比赛。身边有同胞兄姐薇拉·梅和麦克以及卡尔·唐斯的帮助，罗宾逊现在有人帮他们带小孩了，他和蕾切尔便积极参加了终于主动邀请他们的各种球队聚会。除了能赢得国家级（城市级）冠军，系列赛还意味着球员的额外收入会大大增加，胜利者可捧回5 800美元的奖金，甚至失败者也有4 000美元。对于整个赛季收入为

5 000美元的球员来说，这不是一笔小数目。1947年系列赛出现一个新转折，球员可在未来获得巨大的收入。美国全国广播公司(NBC)主要以电视网络将纽约、华盛顿、费城和斯克内克塔迪联系在一起，观看这场对抗赛的人超过以往任何时候。尽管当时很少人拥有昂贵的电视机，但是，他们仍选择聚集在酒吧或者有电视机的人家，将棒球比赛变成日益富裕的社区共享的活动。

洋基队对于罗宾逊疯狂的跑垒行为感到焦虑，尤其在洋基队的本垒板后是一名年轻的新球员约吉·贝拉的情况下。然而，罗宾逊仅获得0.259的平均击球率，击出两个二垒安打，获得两个盗垒。洋基队在7场比赛中赢得了惊心动魄的拉锯战。令人失望的是道奇队输掉了比赛，不过，罗宾逊在更衣室与队友告别缓和了气氛。他感谢他们为他所做的一切，并说很高兴能和他们一起打球。“他的队友一个接一个走进他的更衣室。他们握着他的手，祝贺他赛季取得了好成绩，并告诉他，他打得一手好球。”正如里基曾经预测的那样，如果黑人球员发挥出色，他将获得棒球俱乐部的青睐。罗宾逊的能力和毅力，再加上蕾切尔精心策划和执行他的计划，使得伟大的实验获得了令人振奋的成功。

第七章

最有价值球员

当有些人把罗宾逊的经历称为“一个人的民权运动”时，哈里·杜鲁门总统与民众联合起来，成为自重建时期以来第一个致力于公民权利运动的领导人。1946年末，他委任一个民权委员会来调查美国的种族关系，并在1948年1月的题为“为了保障这些权利”的报告中为联邦政府制定了一个雄心勃勃的议程，并援引棒球界的种族融合作为成功案例的代表。1947年6月，这位总统在全国有色人种协进会在华盛顿召开的一个大规模集会上宣称：“在保证所有公民——我的意思是所有美国人——自由和平等的长期努力中，我们已经到了一个转折点。”一年后，他下令结束在联邦雇佣和美国军队中的种族歧视，并开始纠正美国的重大不足。在1948年的全国代表大会中，民主党提名杜鲁门为总统候选人，还批准了一项有争议的竞选纲领，呼吁将“为了保障这些权利”中的许多建议付诸实施。这项大胆的举动引发了南方白人民主党员的暴乱，这些白人离开全国代表大会，将美国南方民主党人聚到一起，提名南卡罗来纳州的斯特罗姆·瑟蒙德为总统候选人。当时，政治变革的风扑面而来，社会正在向进步迈进，虽然有时前进的步伐极为缓慢。

可以说，罗宾逊对棒球界的影响在1947年年底以前是可以忽略不计的。的确，他取得了很大成就，但班克黑德、多比、布朗和汤普森发挥不佳，只有多比一人位列大联盟名册上。还有一种可能就是，即使没有里基和罗宾逊，由于比尔·维克这个最有可能的开拓者，棒球界也可能会在1950年左右实现种族融合。但罗宾逊的确在许多方面给棒球比赛带来了切切实实的影响。他在一定程度上增加了观赛人数，这都归因于“杰基的灵便，杰基的敏捷，杰基的回转”，正如温德尔·史密斯在他的专栏文章中所描写的那样。这位先锋也帮助道奇队赢得了全国各地无数的黑人球迷，而且这是一种长期存在的影响。此外，他鼓舞了黑人社区和国家的未来领导人。通过他的智慧和勇敢的斗争，再加上坚韧的耐力，他打破了许多白人的种族偏见。出生于亚拉巴马州的道奇队球员博比·布拉根当年对里基的种族融合尝试表示反抗，在多年后反思道，“这只是曝光于世人面前的问题而已。”在更衣室、球场、火车和酒店与黑人共处过之后便能打破因无知而产生的偏执。也许最重要的是，罗宾逊象征着国家种族观念的转变，不管是黑人还是白人，从此都将与以往不一样。

当意识到他运动生涯的黄金时间是在28岁时，罗宾逊渴望能为他的家庭提供更多的经济保障，这是他幼年时所缺乏的。他与曼哈顿的一家代理公司签约代言活动，并成为可能是闯入大众广告市场的第一位黑人。为赚得一万美元，他还同意在纽约、费城、华盛顿和洛杉矶进行四个星期的综艺表演。在各种综艺表演后，他对于有关他自己的一些问题的回答受到了评论家们的严厉批评。罗宾逊表现不好，但其他演出更糟糕，而且似乎他因参加这些演出而贬低了自己。另一部赚钱的演出一直没有火起来，这是一部全部由黑人出演的电影，他担任主角，报酬是14 500美元。在洛杉矶再次与蕾切尔的哥哥和他的家人生活在一起时，他打起了高尔夫，在赛道消磨时间，看小杰基蹒跚学步。

然后，西海岸的创办人帮助他在17个南方城市的剧院巡演。在那里，黑人家庭摆出当地菜肴，热情款待他。正如他所承认的，他像头猪一样吃吃喝喝，临近春训时他的体重飙升至230磅。然后悲剧发生了。他的精神导师卡尔·唐斯在奥斯汀因手术失败而去世，年仅35岁。罗宾逊将他的死亡归因于南方种族隔离式的医院设施，这样一个好人的死亡让罗宾逊对自己的信仰产生了怀疑。

罗宾逊夫妇在2月中旬见了布兰奇·里基，并签下了1948年的合同。媒体曾推测票房收入会大幅上涨，但在成为自由球员之前的那些日子里，球队老板掌握着所有谈判的主动权。经过一般被蕾切尔称为"纯粹没得商量"的讨论之后，罗宾逊未提出任何异议便以12 500美元签约了，安慰自己说白人球员在与里基的交易中也没有拿到更高的工资。道奇队主席对罗宾逊产生了不满。在未告知里基的情况下，罗宾逊没有按照约定出现在弗吉尼亚州体育场，这让六万名观众感到失望，并使他的老板很尴尬。罗宾逊原以为利奥·迪罗谢已告诉里基他无法出席，这一指责使得他与重新回来担任教练的迪罗谢的关系紧张起来。罗宾逊感到非常糟糕，因为他是一个非常严格遵守承诺的人。这种紧张关系伴随着罗宾逊体重的飙升一直持续到春训。

卡尔·唐斯的死亡、与蕾切尔和小杰基的分离以及体重问题，再加上去除脚踝骨刺的手术，这些都使得春训对于罗宾逊来说成为严酷的考验。里基再次使道奇队远离佛罗里达及其种族主义，将球队移至多米尼加共和国的特鲁希略城。在那里，包括罗宾逊和丹·班克黑德在内的球员均住在豪华的雅拉瓜(Jaragua)酒店。种族问题虽然仍旧存在，但相较于前一年春天已略有缓和。但是返队的迪罗谢在队友和记者面前无情地指责圆嘟嘟的罗宾逊。“你看上去真像一个老妇人。看看你腰上的赘肉……你都快弯不下腰了！”他让罗宾逊在炎热的热带天气下奋力锻炼，以燃烧脂肪。他的体重超重以及速度下降大大降低了他作为一名球员的价值，对于这一事实，暴躁的经理言之有理，罗比虽然感到尴尬，却默默地承受着各种痛楚。身上的赘肉慢慢不见了。

在种族方面的消息喜忧参半。丹·班克黑德可能是一个优秀的投手，但缺乏罗宾逊的专注与应对压力的能力。在田纳西州遭遇的暴力种族主义给他造成了心理创伤。他担心击中白人击球手可能会带来麻烦，所以他总是不将球投向内场，而是让击球手待在球场上等着球弹回来。春训结束时，他又回到了小联盟球队。好消息就是，里基终于设法交易了迪克西·沃克。1947 年请愿运动的领导者在六名球员的交易中离开了海盗队，在这次交易中，道奇队引进了投手普里彻·罗和三垒手"奇才"贝利·考克斯。当二垒手埃迪·斯丹基坚持要求加薪时，道奇队便在 3 月 6 日的一场有名交易中将他转给了波士顿勇士队，这对双方都有利。斯丹基帮助勇士队赢得了 1948 年的奖旗（他终归成为"赢家"），而道奇队则将年轻的吉尔·霍奇斯安排在了一垒的位置。这意味着罗宾逊可以回到他最擅长的二垒位置。如果他能减去多余的体重，一切都将非常顺利。春训在佛罗里达州的维罗海滩结束。里基曾在那里收购了旧的军事设施，这个地方会逐步成为"道奇城"，一个可用 60 年的春训典型训练场。因为维罗海滩是最不欢迎黑人的城市之一，所以道奇队及时在训练场建造了九个洞的高尔夫球场，并播放电影以缓解种族尴尬情绪。

当球队回到布鲁克林开始 1948 年赛季时，罗宾逊得以与蕾切尔团聚。他们搬到了位于弗拉特布什的蒂尔登大道 5224 号的一户人家楼上的房间里。他们终于有了一点儿自己的空间。附近的居民几乎都是犹太人，他们和奥克及萨拉·撒特洛很快成了朋友。萨拉像蕾切尔一样读过护士专业，并对精神病学感兴趣，她承担起帮助罗宾逊夫妇回复铺天盖地的球迷信件的工作。这两对夫妇互相帮助彼此照看孩子，给彼此腾出一些夫妻单独相处的时间。这对加利福尼亚夫妇对犹太文化、姓名或戒律知之甚少。1948 年，当他们看到撒特洛夫妇没有圣诞树时，罗宾逊夫妇就为他们买了一棵，这让前者多少有些尴尬，但后来这对犹太夫妇装饰好圣诞树后，便发出了爽朗的笑声，但同时也担心他们的父母会怎么想。他们发现这种担心是多余的，从此之后每年的圣诞节都开始装饰圣诞树。

有了更好的住处和相处融洽的邻居，罗宾逊夫妇的婚姻生活更加幸福美满。棒球事业上的挫折使得这对夫妇的心靠得更近。漂亮迷人的蕾切尔给予了丈夫无限的坚定支持。在合适的场合，罗宾逊曾多次公开表示蕾切尔在他生命中的重要性。她管理家庭的财务，甚至存有一份秘密的储备基金。罗宾逊不善于做家务活，但他喜欢逗弄邻居家的孩子和小杰基。更难能可贵的是，罗宾逊和许多男人不同，他更愿意承认自己的不足，并很乐意蕾切尔帮他梳理各种混乱的情绪。唐·纽科姆后来总结说，没有蕾切尔的支持，罗宾逊可能早在 1947 年就患上神经衰弱。

然而，在球场上，罗宾逊和道奇队并没有那么顺利。罗宾逊挣扎于体重、酸痛的胳膊、不健康的背部及膝盖等问题中，他进入状态很慢，这严重阻碍了球队的表现。一个体育记者写道，一个地滚球后他就"摇摇晃晃"了，到 6 月中旬，他没有一次盗垒成功。当罗宾逊第二天与这位记者争辩时，记者说骂脏话是没有必要的。看来罗宾逊就像杜鲁门总统陷入了语言的双重标准中，他在男女均在场的场合下（尤其是蕾切尔身边）管得住自己的嘴，但是有时在全部是男人的地方就会口冒脏话。他与新闻记者的关系有些恶化，甚至与温德尔·史密斯也出现了矛盾。温德尔·史密斯撰写的《杰基·罗宾逊：我自己的故事》2 月上市，并出现了一些相当令人震惊的错误，包括弄错杰克（将杰克误写成了约翰）和玛丽的姓名。史密斯嘲笑罗宾逊"胖猪身材”也使得两人之间的关系出现更多裂痕。同时，迪罗谢和罗宾逊仍存在摩擦，迪罗谢有一段时间开始支持吉思·马奇，让罗宾逊坐在替补席上。罗宾逊认定迪罗谢是一位称职的教练，但认为他缺乏有效引导年轻人的道德力量。6月，失望的里基实际上放弃了罗宾逊，这意味着其他任何球队都可以以最低的成本签下他。但是，如果罗宾逊向他争取一下，里基还是会（并愿意）改变主意的。正如他对《每日镜报》所说的那样，“他已经超重了，像个呆瓜，并且在场上没有任何能让对手紧张的冲劲和速度。”里基告诉罗宾逊，看到他这样他很不高兴，他甚至在那年圣诞节幽默地给罗宾逊送了一个浴室用体重计。

6月下旬，巨人队老板霍勒斯·斯托纳姆解雇了梅尔·奥特教练。他询问里基能否与伯特·肖顿谈论有关职位空缺以及找迪罗谢做教练的事。里基建议斯托纳姆可直接签下迪罗谢。实际上，里基已经因为迪罗谢36胜37负的成绩解雇了他，但仍慷慨地允许他“辞职”，然后签约巨人队。这种变化让纽约人感到震惊，因为颇有争议的迪罗谢虽受到支持者的爱戴，但对手却很憎恨他。在布鲁克林，里基要肖顿回来担任教练，他可以在 1950 年赛季一直担任这个职位。罗宾逊感觉对于担任教练来说，肖顿的效率并不高，因为身着便服的他不能进入赛场与他的球员进行讨论。然而，罗宾逊最终减肥成功，身体的伤也复原了，开始按他为自己设定的高标准努力打球。这一转变激怒了迪罗谢，他指责罗宾逊意欲摆脱他，好为肖顿效犬马之劳。这种怀疑加剧了两人之间已有的矛盾，导致这两个跨越城市的竞争对手公开敌对多年。

肖顿在该赛季后期负责训练道奇队，获得了 48 胜 33 负的成绩。7 月 2 日，球队排名降至最后一名。而到 8 月底，球队赢得了 21 场比赛中的 17 场，并获得了第一名的位置。但最终挣扎打完 7 场比赛，名列波士顿队之后，圣路易斯队之前，共赢得了 84 场比赛。罗宾逊后半程的出色表现令其统计纪录可与 1947 年的表现相媲美。他带领道奇队获得 0.296 的击球率，并带领球队在垒得分、跑垒得分、安打、二垒安打、三垒安打及垒打数上领先，而防守率达 0.979，使他成为全国联盟最佳二垒手。他还以 7 次成功投球的成绩名列大联盟所有球员之首。尽管如此，他对自己还是感到有些失望，他认为自己可以做得更好，从而帮助自己的球队取得更好的成绩。他发誓他不会在 1949 年再让大家失望。尽管他进入状态还是很慢，但是他避免了可怕的“二年级生的厄运”，这是一个年代久远的棒球传统——在第一年有出色表现后，到第二个赛季便成绩大幅下滑。第二个赛季，罗宾逊的表现有些不稳定，但是很快便进入了状态。更令他欣慰的是，8 月，他开始大胆对裁判的决定提出质疑，然后第一次因为对裁判大喊大叫而被驱逐出场。“他没有因为我是黑人而捉弄我。他对我和对其他令他恼怒的球员完全一样。这让我感觉舒服多了……”

1948 年的另一个里程碑事件是，又有三名黑人球员加入大联盟，这样罗宾逊便有了一些同盟者。1946 年在纳舒厄队和 1947 年蒙特利尔队，罗伊·坎帕内拉都表现突出；1948 年，他显然成了道奇队的最佳接球手。但里基有一个比他常说的赢得比赛更大的计划，他对坎帕内拉的行动使得之前相信他的人怀疑他所谓“一切目的都是为了赢得比赛”的话只是个谎言。他告诉坎帕内拉，他是球队的最佳接球手，但球队需要将接球手提拔为外野手，而他显然不合格。5 月 15 日，名册人数被减少到只有 25 名球员时，坎帕内拉被送到了美国协会的圣保罗队，他的任务就是促进该联盟的种族融合，该联盟也包括1946年季后赛中使罗宾逊饱受摧残的路易斯维尔队。然而，在适当的时候，坎帕内拉又被要求回来担任道奇队接球手。坎帕内拉提出抗议，说他只是一个球员，不是改革者。但是，里基提出给他1 500美元的奖金和接球手的位置。他别无选择，出发去了明尼苏达州。在35场比赛中，他击中率达0.325，并击出13个本垒打，获得了33个跑垒得分，再加上他温和的处事方式很快便赢得了球迷的青睐。6月30日，令双城失望的是，里基将他带回了道奇队，当时罗宾逊刚好担任的是击球手。

里基给了坎帕内拉两个关键性建议：永远做球场上的最佳球员和场外的绅士。坎帕内拉与罗宾逊形成了鲜明对比，他的父母分别为意大利裔和非洲裔。对于种族侮辱，他不像罗宾逊那样紧张。事实上，正如一位作家所述，他“脾气非常好”。而罗宾逊则固执己见并气势逼人，尤其是在1949年初，他成为众所周知的“不知天高地厚的黑人”。坎帕内拉更加温和、更加包容，也更加可爱。他还是一个“大高个和大滑头”，导致很多伤害投球，但又不像罗宾逊一样回避它们。为了自卫，他成为首批在帽子中垫硬塑料的球员之一。在1948年的83场比赛中，坎帕内拉的击中率为0.258并打出9个本垒打，促成了45次跑垒得分，从而赢得最佳防守棒球接球手的称号。与此同时，唐·纽科姆在蒙特利尔赢得了20场比赛，成绩逼近大联盟明星球员；丹·班克黑德在纳舒厄队赢得了20场比赛，快速的中外野手萨姆·叶瑟罗在蒙特利尔的击中率为0.322。对于道奇队，黑人的前途至少看起来更加光明了。

比尔·维克一直在美国联盟实施种族融合的改革。拉里·多比在1947年担任的是候补内野手和替补击球员，1948年在克利夫兰取得突破，开始站在右外野的位置，并移向要求更为苛刻的中外场。维克将印第安人队迁到亚利桑那州的图森进行春训，他们误认为亚利桑那州是支持种族融合的。尽管在看台上是这样的，但酒店的情况却并未如此。然而，春训中多比的击中率为0.354，并在之后的赛季中继续保持良好状态，取得了0.301的击中率，击出14个本垒打，获得65个跑垒得分。当他下场时，维克截住他说，“走，去喝点啤酒，听听爵士乐。”在圣路易斯，多比差点因为追赶一个侮辱他妻子的恶棍而被禁止进入看台。赛季中，他的一件重要的事情就是，8月他和队友团结一致与洋基队对战——最终，团队合作战胜了种族隔阂。另一件重要的事情就是多比在世界系列赛中的击球率为0.318，帮助印第安人队在六场比赛中完胜勇士队。多比和投手史蒂夫·格美克在赛后拥抱庆祝，这张显示了种族和谐的照片广为流传。

维克招募的另一个人是萨奇·佩吉。他和佩吉以前也曾接触过。当多比在1947年年中签约时，佩吉发电报给维克："我现在也能加入吗？"这位印第安人队的负责人回应说，"等有合适的机会才行。"为赢得1948年年中的奖旗，维克需要救援和先发投手。7月7日，他告诉卢·布德罗他有一个年轻新秀适合这个位置，然后说出，是佩吉。教练持怀疑态度，但还是愿意一试。有些报道说，佩吉在10次投球中击中了9次，他以出奇的控制能力说服了布德罗。另一种说法是，布德罗对阵佩吉，19次击球一个也没击中。无论怎样，布德罗心软了，在签后半赛季合同时，维克签下了这位来自堪萨斯城君主队的至少已42岁的佩吉。7月9日，佩吉初次登场，他两局未得分。7月14日，他帮助印第安人队吸引了六万五千名球迷到克里夫兰骑士队的市政体育场观看他们对阵道奇队的比赛，大联盟的4名黑人球员均在道奇队。美国联盟接收了佩吉这个因投球犹豫不决（在投球时他总是动作迟缓，从而拖延击球时间）而声名狼藉的黑人球员，他因而受到鼓舞，他帮助印第安人队实现了美国联盟的最高上座率纪录，经过几次比赛后他已经创下5胜1负的成绩及一个了不起的1.33的投手责任得分率。《体育新闻》先前有一些偏见，嘲讽说他能五胜是因为对手都是较弱的球队。经过辉煌的开始后，他开始出现下滑的趋势，但是，他最后的成绩是6胜1负和2.48的投手责任得分率，足以获得年度新秀奖。赛季最后十天，他从大家的视野中消失，在世界系列赛中，他仅投得一分。他与多比不同，他的辉煌已成为过去。

佩吉已习惯了在黑人棒球队打球时的自由生活，他对克里夫兰骑士队为球员制定的规则有些不适应，如实行宵禁。他们安排他与多比住同一个房间，希望他的经验能帮助这位年轻球员尽早适应大联盟球赛，但多比却发现佩吉帮不上一点儿忙。而且佩吉关于“社会漫谈”以及黑人体育记者正在寻找进入有组织的棒球队的更好黑人模范人物之类的絮叨也让多比很厌恶。虽然不可否认，佩吉的表现丰富多彩，也给球迷带来了巨大冲击，但是他的举动并不像里基招募的那种理想年轻球员。

一方面罗宾逊、坎帕内拉、多比和佩吉吸引了全国的关注，另一方面黑人联赛饱受打击。观赛人数骤降，尤其是全国联盟球队附近的城市。纽瓦克在 1946 年吸引了 12 万观赛球迷，但 1947 年却只有 57 000。在令人沮丧的 1948 年赛季，仅仅吸引了 35 000 名球迷，曼利家族只得将其卖出。艾弗·曼利伤心地说："就因为四名黑人球员成功进入大联盟，致使 400 名黑人联盟球员的生活、事业和家庭处于危险之中。"黑人国家联盟彻底失败了，重建后的黑人美国联盟扩大到十支队伍，并将其中几支球队搬到了仍旧实行种族隔离的南方。到 1953 年，仅存的只剩下伯明翰黑色男爵队、孟菲斯红袜队、堪萨斯城君主队及印第安纳波利斯小丑队，缺乏活力的联盟几乎担不起联盟这个称号。而且，由于经销权经常变动，终于在 1963 年倒闭，但并未引起任何关注。正如每一丝光明都会伴随着一些乌云，黑人联盟的终结和许多黑人球员丢失工作，在棒球伟大实验中正扮演了“乌云”的角色。

继1948年赛季之后，在蕾切尔的提议下，罗宾逊夫妇留在了纽约，并开始在此扎根。尽管他们已经在洛杉矶为未来的家购买了很多东西，但他们第一次在冬天没有回加利福尼亚州。到了2月，蕾切尔已选定了要买的房子。在赛季中期，她和罗宾逊搬进了属于他们的第一个家，位于皇后区圣奥尔本斯的用灰泥装饰的家。纽约的一些郊区有遮阴树和大草坪，风景很是迷人，已经开始吸引富裕的黑人和行事冲动的白人飞奔这里。坎帕内拉夫妇也在此买了房，罗宾逊夫妇发现他们的邻居，甚至一些原本反对黑人搬到这里的人，都非常友好。

在赛季结束后，罗宾逊、坎帕内拉和由纽约古巴队老板赞助的一个球队去南部和西部进行了巡回赛，对战萨奇·佩吉所在的全明星队。黑人联盟球员并没有友善地对待罗宾逊。6月，他在《乌木杂志》上写了一篇名为“黑人棒球球员怎么了?”的文章痛批黑人联盟行政管理不善、薪水低、住宿情况糟糕、缺乏个性和领导声名狼藉。虽然他支持黑人联盟在经过彻底整顿之后继续生存，但是这些黑人联盟的老板却谴责他忘恩负义，因为他自己进入种族融合的白人球队而致使黑人联盟消亡和所有黑人球员失业。他是否忘了根，或者只是讲述了事实？这取决于你的观点，但是全明星球员不满罗宾逊是自然而然的反应，而不是经深思熟虑后的想法，他们感觉被背叛了。许多人将此归因于罗宾逊的优越感，这些全明星球员感觉他“不知天高地厚”。这种情绪导致整个巡回赛的气氛一直不怎么和谐。

罗宾逊除了想确保全家财务状况稳定之外，还有另一个人生目标：帮助年轻人走上人生正道。自从他开启了在道奇队的职业生涯后，他总是定期会见哈勒姆的领导人，了解社区的困难，并学习利用社会和政治方案来解决这些问题。罗宾逊对参与黑人社区的事务表现出了很大的兴趣。在1948年赛季期间，哈勒姆青年会（YMCA）的新主任鲁道夫·托马斯邀请罗宾逊担任教练，指导年轻球员。让他感到惊喜的是，罗宾逊爽快地答应了，并将罗伊·坎帕内拉也拉了过来，一起接手这份低付出高回报的工作。在之后的十年，在青年会工作将成为罗宾逊在淡季的主要活动。他还在纽约找到了另一个发挥才能的平台。他和一个独立的广播电台 WMCA 签约，一周工作六天，每天主持 15 分钟的节目。道奇队的管理人员哈罗德·帕罗特承担了大部分的文字工作，而罗宾逊的话题涉及的不只是运动，还有他所关注的其他话题，尤其是青少年犯罪问题。他的访谈准备充分，说话清晰，声音洪亮。既然是上帝安排他来打破棒球界的种族界限，罗宾逊打算利用自己的好名声在全世界达成很好的结果。

罗宾逊到里基办公室签下 1949 年的合同时，他已确定两万美元的报酬是合理的，可能还应根据他所吸引的观赛人数给予一定的奖励。里基假装没有听到后面有关奖励的话，仅给出了 17 500 美元，略低于皮·维·里斯的工资。罗宾逊叹了口气，还是签了合同，之后不久就前往佛罗里达州维罗海滩参加春训。那里的设施仍然简朴，但他们配合了罗宾逊的计划：适度减重、变强壮以及改进他在比赛中的两个方面的技能。佩珀·马丁以 30 年代红雀队的“奥塞奇野马”而闻名，他帮助罗宾逊改善了他的滑动技巧。此外，名人堂成员乔治·西斯勒和他搭档一起向对手右外场击球。罗宾逊一直都是个聪明的学生，善于吸取经验教训，最后在 48 次击球中以 0.521 的高击球率战胜了葡萄柚联盟。

春训期间最重要的新闻报道是，罗宾逊不再像以前那样忍受别人对他的侮辱了。对于事态如何发生，大家依然不得而知，是否里基已正式同意他打破之前必须忍受种族歧视之类侮辱的誓言，还是如蕾切尔回忆的那样，他只是认为时限已过，然后自己将其打破，放下约束的外衣。不管怎样，真实的罗宾逊最后站在了大家的面前。专栏作家赫布·戈伦援引他的话说，对方球员“最好对我粗鲁点，因为我将会很粗鲁地对待他们”。一个神秘的公告致使理事长钱德勒将罗宾逊和肖顿叫来开会。罗宾逊说，他的话并不是威胁的意思，大家误会了他，而钱德勒还是希望他继续保持温顺的作风，罗宾逊同意了。钱德勒的这种做法令专栏作家比尔·玛铎很受打击，好像对于黑人，只要能保持自己原来的地位，有没有自由也就不那么重要了。事实上，尽管罗宾逊在球场上明显更争强好胜，而且从去年秋天起一直都在改变，但是他不仅在场外树立了良好形象，而且还提醒其他年轻的黑人球员跟随他，以免整个种族融合运动出现倒退。罗宾逊面临的最大危险是，他会再次因种族歧视而本能地反击，从而将自己的形象从四面楚歌的先驱者变成好胜、不知天高地厚的家伙。专栏作家迪克·扬后来表达了他对罗宾逊行为的不满，他观察到他的基本缺陷就是认为任何不愉快发生在他身上都仅仅因为他是黑人。

赛季伊始，道奇队表现不佳。其中，罗宾逊进入状态慢也是主要问题。他拿自己开玩笑说："等到真正的罗宾逊加入时，道奇队将又会成为一个伟大的俱乐部。"5月，他热情高涨，道奇队的发挥开始好转。当然，来自蒙特利尔的唐·纽科姆的加入也是一个主要原因。他在大联盟的首次亮相有出色表现之后，肖顿给予了这名新手球员很大的赞许。他大步走到球员休息处，握住他的手说："大个子，不要担心，星期天在辛辛那提的时候我引导你。"纽科姆始终没让红人队得分，并与罗宾逊喋喋不休地交谈。纽科姆继续赢得了17场比赛，并成为道奇队的王牌投球手。到6月初，罗宾逊的击球率为0.344，在大联盟位列第二。他的跑垒得分超过了大联盟的其他所有球员。7月13日，在布鲁克林举行的全明星赛中他任全国联盟的二垒手。他的得票数超过了联盟中的所有其他球员，他打出一个二垒打，跑垒得三分，使国家联盟以7—11的比分输给了美国联盟。坎帕内拉和纽科姆也都发挥出色，有力证明了里基的种族融合实验的成功。

在赛季下半程，反共浪潮让罗宾逊心烦意乱，无法集中精力打球。众议院非美活动委员会（HUAC）还偏偏煽风点火。它特别担心共产主义者会承诺种族融合而诱使黑人背信弃义。1947 年 12 月 31 日，里基会见了罗宾逊，以确定他不支持共产主义，愿做一名爱国的黑人。罗宾逊赞同里基的不支持共产主义的观点，并同意公开宣称自己不支持共产主义。但由于众议院非美活动委员会的主席患病和事情的其他发展导致罗宾逊推迟了一年才发表了自己的宣言。

保罗·罗伯逊是最著名的三位美国黑人之一。1949 年 4 月，他和罗宾逊·乔·路易斯在巴黎发表讲话说："美国黑人不可能代表那些长期压迫我们的人上战场，去对抗一个提出人类尊严完全平等的国家（苏联）。"根据一项民意调查，超过一半的美国公众认为，罗伯逊为美国黑人进行辩护，如果出现反对共产主义的战争，黑人将会背信弃义。而且，黑人和犹太人在二战中几乎没有为美国作出贡献。众议院非美活动委员会目瞪口呆，力求证明罗伯逊并没有为黑人团体辩护。

罗宾逊发出了重要的反对声音。

1949年7月18日，罗宾逊夫妇从纽约飞往华盛顿，进行被大肆宣传的罗宾逊作证。在谴责罗伯逊和支持众议院非美活动委员会的政治迫害之间，罗宾逊如同走钢丝般难以做出选择。他指出，无论是罗伯逊还是其他人都没有宣称为所有黑人进行辩护。他还指出，在以往的美国战争中，黑人的爱国表现证明了他自己以及他的家人在第二次世界大战中的付出。他认为，如果罗伯逊的言论确实是他自己做出的，那么他这番言论是很"傻"的，但是他坚信黑人在未来的战争中仍会一如既往地保持忠诚。他大胆地试图将共产主义问题与黑人种族问题分离，并明确指出，"仅仅是因为共产主义者在法庭上谴责不公正、警察的暴行和私刑（如发生），不能改变他指控的真相。"不过，他引用了乔·路易斯在第二次世界大战期间的讲话，"有些事希特勒可以解决，我们并不是没有错"。罗宾逊承认，斯大林的强制性远远超过任何美国人，特别是在宗教自由方面。这对他来说，可能是共产主义方式中最具破坏性的错误。然而，他感到遗憾，在美国，"任何进步都被称为共产主义"。

里基和新闻界对于罗宾逊证词的反应都非常积

极,尽管黑人记者对他对罗伯逊的温和谴责不是很高兴。罗宾逊成了万众瞩目的焦点。《圣路易斯邮报》一语击中要害,报道称:“当杰基·罗宾逊说,即使没有共产党的帮助,黑人也能赢得他们的权利。他是绝对正确的。”但是很多美国人还未准备好接受这个说法。极具讽刺意味的是,在1949年能表达自我意志以至有点儿我行我素、不计后果的罗宾逊,在同年红色恐慌期间还担任了保守的爱国立场的发言人。

1949年,纽约巨人队成为打破肤色界限的第四支球队(将1947年圣路易斯布朗队的失败尝试计算在内)。他们签下参与布朗队实验的汉克·汤普森和蒙特·欧文。里基曾试图在1945年签约欧文,但是欧文觉得他可能是大联盟的第一位黑人球员,于是告诉里基,他需要时间从种族歧视严重的美国陆军的经历中调整过来。欧文后来说,如果他是里基,在1946年他就会选择坎帕内拉而不是罗宾逊来打破棒球界的肤色界限。到1949年,他在黑人联盟重获了最强球员的地位。后来,巨人队签下他,并把他送到泽西城。在那里,在纽约召回他之前,他已取得0.373的击中率。在结束辉煌的棒球生涯后,欧文在1973年入选名人堂。

和上半程一样，在赛季的下半程，道奇队的成功反映了罗宾逊的成功。他在击球方面遥遥领先，在8月底击中率飙升至0.366，但是后来脚后跟受伤了。他需要休息，以使受伤部位愈合。但是道奇队认为即使只有半个罗宾逊也比没有强。因此，他打完了整个赛季的所有156场比赛。在赛季的最后一天，布鲁克林以10局击败了费城人队，在红雀队之前结束了比赛。(1946年到1951年之间，6场全国联赛中的4场被挪到了赛季的最后一天)。他的0.342的击中率足以赢得击球冠军的称号，击败了击中率为0.339的斯坦·穆夏尔和击中率为0.336的伊诺斯·斯劳特。赛季后，他获得了一个更大的荣誉。棒球作家给予他棒球界的最高荣誉，最有价值球员奖(MVP)。穆夏尔和斯劳特再次尾随其后。虽然有作家挑衅说，他仅会投票给大联盟中最有价值的白人球员。但罗宾逊还是赢得了这个奖。纽科姆排名第八，坎帕内拉排名第十五，里基的黑人球员都表现出色，而且纽科姆还赢得了年度最佳新秀奖。

这一年的世界系列赛可以说是虎头蛇尾，最后的情况很令人失望。洋基队在最后两场比赛中和红袜队因美国联盟奖旗发生殴打事件。正如罗宾逊所回忆的那样，他们还要求将他踢出道奇队。在16次击球中仅3个击中，击中率仅为0.188，洋基队不再将他视为威胁。或者，从洋基队的角度来看，他们封杀了罗宾逊，因此道奇队昔日雄风不再，在五场比赛中失利。

对于罗宾逊来说，这一年的淡季又会很繁忙。尽管因为一些关键的东西受损，再加上罗宾逊患感冒，巡回演讲旅程早早结束，但他还是出现在了各种媒体上。美国广播电台接手了他主持的每日电台体育节目，他在哥伦比亚广播公司的体育广播调频1300上有两个电视广播节目，一个是星期四晚上面向成人的名人访谈节目，另一个是星期六下午面向孩子们的节目。罗宾逊实现了本赛季的主题“让杰基做他自己”，他在电影《杰基·罗宾逊的故事》中本色出演，并且发挥出色。罗宾逊一家第一次在自己家中欢度圣诞节，罗宾逊主要做一些涂画和其他琐碎家务。一家人兴高采烈地庆祝他们的好运气，庆祝罗宾逊、道奇队和一家人蒸蒸日上。圣诞节后蕾切尔再次怀孕，她和罗宾逊都想要一个女孩。最终他们如愿以偿，1950年1月13日女儿莎伦降临，而且没有感染神秘的蒙特利尔热病。

第八章

罗宾逊获得自由

罗宾逊一家正在迅速摆脱以前的经济紧张境地，不再为养家糊口而发愁。1949 年末，罗宾逊雇了马丁·斯通，马丁成了他的财务顾问兼生活中的挚友。虽然，当时运动员的收入大幅度增长，但由于他们缺少自律性和理财头脑，这些运动员经常发现自己的财富消失得无影无踪。罗宾逊本性节俭，这一点很好地避免了任何可能出现的肆意挥霍的情况，但是斯通发现这位道奇队的明星对于那些想借他的名声发财的人没有戒心而且极易相信他们。于是，马丁·斯通这位经济专家开始对各种理财建议进行筛选，将罗宾逊家族的财务打理得井井有条，保证了这个正在壮大的家族在一定程度上的安全性和稳定性。邀约源源不断地涌来，罗宾逊选了其中一系列的帽子和夹克广告，代言了

“冠军的早餐”Wheaties(一个麦片品牌),他甚至推荐了“契斯特菲尔德”(Chesterfield,一个香烟品牌),以前他可是从来不抽香烟的。

罗宾逊在子女抚养上竭尽全力,这点在他的生活中占据着独一无二的位置。小杰基后来说,他们在当时通常只会被认为是著名棒球运动员之子,很少有人会注意到他们本身,别人对他们的这种看法对他们而言其实是苦不堪言的。虽然小杰基是一个活泼的少年,但他发现自己竟然需要为证明自己的身份而努力。他也参与到了父亲在种族融合方面的努力中,虽然整个社会氛围并不太理想。他三岁生日聚会的照片使一些旁观者觉得很震惊,因为大卫·坎帕内拉是参加聚会的孩子们中唯一的黑人。而也正是那时,蕾切尔在她自己家的院子里发现了种族歧视。当时邻居家的一个白人小女孩正和小杰基高兴地玩耍,而当两个白人男孩出现时,这个小女孩就不理睬小杰基了。小杰基哭着跑进屋子里,意识到了他因为自己的不同而遭到了排斥。这个家族在生活中的各个方面为促进种族融合而作出的努力无形中给孩子和成年人都造成了负担。当然,成年人会努力应对自己遇到的麻烦。当罗宾逊走进餐馆时，他受到贵宾级待遇，但他从不知道如果他仅仅是一名普通黑人，他是否还会受到这般公平待遇。很少有人认识蕾切尔，有时她会感受到普通黑人所遭受的种族歧视，而只有当她的身份暴露时，她才会受到公主般的待遇。这个问题困扰了一些著名的黑人人士许多年，这也反映出富人和名人通常会遇到的一个问题——他们是爱我本人还是爱我的金钱和名声？罗宾逊常常怀疑自己究竟是在为冲破种族限制而战还是仅仅因自己的明星身份而被人利用。

罗宾逊认为应该利用自己的名声来行善。他加入哈勒姆区的基督教青年会的理事会，和年轻人一起工作，而且他也十分喜欢非公开性的医院探望活动；在医院里，他可以帮助各种族的患病儿童。同时，他还对犹太人显现出了特别的亲和力，犹太人大约占了布鲁克林区人口的一半。他学习反诽谤联盟的策略并力图促进黑人和犹太人的合作。也许因为犹太人更容易对迫害产生共鸣，所以他们在社交方面比其他族群更慷慨地接受了罗宾逊家族，这个家族也不把他们看作犹太人，而仅仅是普通人——朋友、律师、财务顾问或者商业伙伴。

除了莎伦的出生，这个淡季最引人注意的就是电影《杰基·罗宾逊的故事》的拍摄。里基于11月看了剧本，他觉得罗宾逊被刻画得没有同情心，于是他要求重写剧本。最终的剧本包含了许多体育比赛，但是罗宾逊出现在“众议院非美活动委员会”的场景将剧情推向了高潮，使这个故事情节体现了美好的愿望、民主和美国之路的一大胜利。预算不多，只有30万美元，这迫使制片人将制作期压缩到莎伦出生和春训之间的一个月内。在加利福尼亚的外景地度过了寂寞的两周后，罗宾逊让蕾切尔和莎伦坐飞机过来给他精神支持，然后电影开拍了。罗宾逊本色出演，他的演员天赋(尽管扮演他自己)给人留下了深刻印象，用合演明星鲁比·迪伊的话说，他是一位“完美的电影明星”。要不是肯尼·华盛顿和其他本地朋友加入到电影中，他不会参演主角，而且他对参与制作的所有人都很耐心和体贴。电影于1950年5月16日上映，该电影在纽约获得了好评，成了一部高票房电影，也是那个时期最好的体育电影之一，尽管半个世纪之后再看这部电影会觉得非常乏味。罗宾逊承认如果投入更多的时间和资金，会拍得更好，但是他对这部电影仍然很满意。

春训在维罗海滩进行，巧妙避开了种族隔离的南部的许多险境。多元而宁静的勇士们允许黑人和白人居住在一起，很多球员都带上了家人。虽然罗宾逊曾经把这里描述成如印第安保留地般与世隔绝，但它却是一个宁静的小岛。道奇队自信地来到营地，他们会再次夺得冠军并重返世界职业棒球大赛，肖顿也是这样承诺的。道奇队以出色的防守著称——尤其是坎皮、霍奇斯、罗宾逊、里斯和考克斯的内场——他们将良好的协调能力与高平均击中率相结合。他们唯一的不足就是投球深度。罗宾逊计划稍微放轻松一点儿以免疲劳——少盗垒，少做热身活动，只在必要时全力以赴。新闻界不可避免地开始谴责他，说他变得肥胖而且心不在焉——他的3.5万美元的合同使他成为历史上薪酬最高的道奇队员，或许驱使他变得优秀的迫切感已经得到满足。尽管里基宣称罗宾逊的收入源自吸引了众多的球迷，所以也许罗宾逊在1949年签订的出场条款已奏响了过时的和弦。

罗宾逊在他的赛季中感到失望。他在7月的平均击中率为0.380，但在炎热的夏季成绩再次下滑，跌至0.328，次于斯坦·穆夏尔的0.346。他的跑垒总得分从 124 分下降到 81 分，他的机会更少了，他以往平均有 41 次盗垒尝试，而现在他仅仅进行了 18 次尝试，其中 12 次盗垒成功。他的防守也出现了失误，球探们声称他跑向右外场时很虚弱。正如教练杰克·皮特勒所言，如果杰基击中，我们就赢了——但他的欠佳表现宣告了道奇队的失败。另外，他的一些队友认为罗宾逊故意惹怒裁判的行为已经失控。而罗宾逊则谴责裁判跟他过不去，这使得他与裁判之间的关系成了恶性循环。他越抗议，裁判对他越严厉，这使他更为愤怒。一天，乔可·康兰叫他出来击球，但火冒三丈的罗宾逊走开了，只听见康兰在他身后咆哮，"在中区击球！"罗宾逊转身，康兰重复了一遍他的话，罗宾逊怒气冲冲地顶撞了他，最后裁判将他封杀出局。罗宾逊认为，康兰本不应该说话。罗宾逊也看到了双重标准在球场上的影响。像竞争和热情这种在埃迪·斯丹基这样的白人运动员身上受到赞赏的品质，在黑人运动员身上就会给人留下莽撞和自负的印象，呈现在黑人面前的是一个类似于二十年后妇女面对的问题。一个人怎样才能维护自己的权利且不激起敌对反应？似乎为了说明认知问题，合众社在当年的全明星队中将斯丹基指定为二垒手，即使罗宾逊在各种类别表现的统计中都超过了他——斯丹基的放肆态度为他赢得了崇拜，而罗宾逊的类似方式却激起了负面反响和媒体批评。

罗宾逊在8月的欠佳表现使道奇队落后于费城人队，从1915年开始追求他们第一面优胜锦旗的“神童”，在9月初输给费城人队9场比赛。疯狂的道奇精神掀起了本赛季最后一场比赛的高潮，激动人心的第十局全垒打使费城人队挫败了布鲁克林的回归决心，并一举夺冠。与全国棒球联盟以往的情况相同，费城人队在世界职业棒球大赛上输给了纽约洋基队，直到1980年他们才赢得另一面优胜锦旗。

与胜利仅一步之遥而后失败，这猛然刺痛了争强好胜的罗宾逊，但是一个更具毁灭性的打击又出现了。布兰奇·里基和沃尔特·奥马利之间激烈的权力争斗过后，布兰奇·里基和道奇队员们离开了公司。当道奇队四个老板中的一人于1950年去世时，奥马利买下了他在队中的股份，并且想将里基挤出去。他试图用30万美元购买里基于1943年购买的股份，当海盗队的老板约翰·加尔布雷斯提出以105万美元与奥马利竞争时，奥马利的企图失败了，但是，这位新的控股者去世时怀疑这份投标是为了使里基得到更好收购价格的虚假报价。加尔布雷斯后来雇佣里基担任海盗队的总经理，到 1960 年，里基在那里又打造了一支胜利者球队，正如他之前在圣路易斯和布鲁克林做的那样，可是在他的劳动开花结果之前，他便于 1955 年退休了。

罗宾逊比任何人都更深切地感受到了失去。奥马利和里基多年来一直都在争吵如何管理道奇的问题。虽然里基有个“小气鬼”的绰号，但是他是一个球迷，并为他的球员们努力工作以使他们过上更好的生活。奥马利比里基吝啬得多——他反对维罗海滩，因为太昂贵，他抗议球队乘飞机旅行，而且谴责里基用私人飞机，里基用私人飞机漫游全国进行球探考察。奥马利也在啤酒公司赞助道奇队比赛的问题上击败了里基，节俭的里基对此问题持反对态度。关于罗宾逊和他的伟大试验，奥马利没有心动。罗比称奥马利对黑人先驱——里基的“试验主角”——“恶意敌对”。新的道奇队最高官员也不是高尚的胜利者。他开始处罚在他面前提起里基的雇员。渴望消除里基在布鲁克林的残余回忆，奥马利特别不喜欢“里基人”罗比和广播员雷德·巴伯，但是他们都太受欢迎而无法解雇。

对于奥马利而言，棒球是商业活动，利益起控制作用。而里基则几乎将这项运动视为公民宗教，一种在布鲁克林那种团体生活中的重要结合剂。另一方面，他欣赏并尊敬罗宾逊。这个经营管理者的孙子记得，里基表现得仿佛有两个儿子一样，小布兰奇·里基和罗宾逊，前者必须小心不要嫉妒他的“兄弟”。对于里基而言，罗宾逊是他在伟大试验中的伙伴，他们共有的反种族隔离改革运动的承诺牢固地建立在他们共同的卫理公会教派信仰的基础上，这使他们产生了一种特殊的联系。罗宾逊在11月给里基写了一封真挚感人的信，里基以同样的方式回信，信中甚至包含“父亲般的”忠告，建议他取得大学学位。这两位保持亲密关系的朋友频繁地通过电话交流，直到里基于1965年去世为止。

里基是在另一位种族融合狂热分子比尔·维克离职一年之后离开道奇队的，这使得伟大试验的前景有些许不明朗，尽管之前已取得一些进步。维克在1949年的赛季之后被卖出，新的印第安人队管理者准许已44岁的不再是年轻人的萨奇·佩吉离职。但是，维克将自己的命运和佩吉联系在了一起。他在1951年赛季之前买下圣路易斯布朗队，他在一年后将佩吉从远离大联盟的生活中带出来，不老的萨奇作为美国棒球联盟的顶级替补投手之一，参加了三个赛季。拒绝允许布朗队转移，维克将这支球队卖给了被允许将球队带往巴尔的摩的雇主们，在巴尔的摩，他们于1954年开始作为金莺队参加比赛，并取得了相当大的成就。由于金莺队管理组启动了一个青年运动，其中不包含48岁的运动员，佩吉又一次离开了。但是，英雄传说仍在继续。1956年，维克在三A国际联盟中买下了迈阿密马林鱼队，他立即签下萨奇，让他加入这支球队，萨奇在那里又作为投手效力了三年，最后于52岁时在1958年赛季结束后退休。不可思议的是，被认为年纪太大而无法在美国职业棒球大联盟中当先锋的佩吉，竟比罗宾逊多服役了两个赛季！

罗宾逊知道他的身体不像佩吉那样能一直坚持比赛下去。考虑到他退役后的生活，他签约训练波多黎各冬季棒球联盟的马亚圭斯队，他希望积累经验，有朝一日能在大联盟中指导本垒打。令他苦恼的是，他在1949年前通过马丁·斯通签订的巡回表演比赛合同包含一项条款，允许他们在1950年也要求他进行此类巡回赛。他不得不取消他作为教练的首次出场，和坎皮、纽科姆、多比以及印第安纳波利斯小丑队一起在南部进行了巡回赛。虽然他对失去教练机会感到失望，但通过表演赛他赚到了更多的钱。在电视机普及、专营权转让和特许扩编之前的年代，巡回表演赛是全国大部分地区的球迷见到大联盟队员的唯一机会，这次巡回赛圆满落幕。罗宾逊在那之后又开始主持广播节目(蕾切尔也加入了)，客串电视，并且与基督教青年会、学校和其他青年组织一起工作。他从未停止过忙碌。

当罗宾逊于1951年3月到维罗海滩报到时，他宣称自己对他的39 750美元的新合同很满意，正如他每年公开宣布他的私人疑虑一样。奥马利和总经理巴兹·巴瓦西的新管理体制已经被采用，这两个人的早期活动之一是解雇伯特·肖顿，并让53岁的查理·德里森取代他。这位新教练在20世纪晚期曾在辛辛那提队担任了四年的正式三垒手，在道奇队和洋基队从事了10年的教练工作之前，他指导红人队经历了四个糟糕的赛季。身高仅约1.65米(5英尺5英寸)，他用过分的自信和自负弥补了身材上的不足，以至道奇队队员们给他取了一个绰号叫“我”。德里森自信他能比与他竞争的教练们思考得更深入，并能给予道奇队决定性的优势，他认为将这种积极情绪与热情相结合，就能打败对手，这堪比罗宾逊的想法。

1951年的赛季在某种意义上代表了罗宾逊的转变。罗宾逊的肤色不再使他广受争议，但他的脾气却让他一再陷于困境，尽管蕾切尔和德里森恳求他不要发火。在赛季期间，罗宾逊向记者们抱怨一些裁判试图找他的麻烦。这一年的下半年，在一场对阵勇士队的决定性比赛上，裁判弗兰克·达斯科利激怒了罗比。比赛的下半场仍然是平局，道奇队通过一垒和三垒的跑垒者在内场得分，一个出局。击球手击出一个快速的滚地球给罗宾逊，罗宾逊猛投给了坎帕内拉，而坎帕内拉占据了本垒板，似乎已将跑垒者触杀出局。达斯科利朝他喊安全上垒，然后由于双方意见不一致，达斯科利让愤怒的坎帕内拉下场了。比赛结束后，当道奇队经过裁判室时，输掉比赛的普里彻·罗踢开他们的门，并踢破了个洞。令罗宾逊震惊的是，他在报纸上看到他成了那个踢门的人。他打电话给记者，解释到底发生了什么事，但并没有提起罗，第二天，出现了一则小篇幅新闻——罗宾逊拒绝承认新闻报道(并非因为它不真实)。当然，这次的新闻并未刊登前一天因上头条新闻而生气、失控的罗宾逊的照片。

道奇队与巨人队之间的紧张竞争激化了罗宾逊与利奥·迪罗谢之间的不和，在赛季中几次都闹得不可开交。当迪罗谢的妻子称道奇队员为胆小鬼时，他们的矛盾变得更为严重。巨人队的萨尔·玛格利是一个声名狼藉的"猎头"，他喜欢投向内场，曾多次击倒罗宾逊。罗宾逊的机会来了，罗宾逊朝着一垒短打投手投出的球，旨在让一垒手截住球，先将它投掷到投手覆盖区，跑垒者可在此击倒玛格利。正如作家大卫·福克纳描述的那样，"罗宾逊令玛格利像一只卡通公路奔跑者一样，目瞪口呆地站在地上。"当这两个人在1955年又一次发生争执时，玛格利拒绝比赛，二垒手戴维·威廉斯上一垒，结果一败涂地，不得不在场外接受指导，而他只是一个无辜的旁观者。迪罗谢谴责罗宾逊的表现是"二流棒球队水平"，为此，罗比声称是利奥教会了他比赛。还有一次，陷于三垒和本垒之间的夹杀出局(指跑垒者在两驿之间被夹杀出局)，罗宾逊在本垒板上撞到了投手拉斯·迈耶，使他掉了球。这两个人走得非常近,想一决高下,直到他们被阻止。迈耶在赛后因对罗宾逊的积极进攻而产生的过度反应向罗宾逊道歉,罗比也有风度地承认了自己也有责任,这为他赢得了少有的赞誉之声,《体育新闻报》称赞他宽宏大量。

接下来是球迷。5 月 20 日,署名“三位旅客”的信件警告罗宾逊,他会在比赛中遭到来自街对面的辛辛那提市克罗斯利·菲尔德棒球公园楼内的枪击。警方(和群众)保持警戒状态,皮·维·里斯幽默地建议每个球员都穿上罗宾逊的 42 号球衣,以便迷惑持枪者。罗宾逊说他们还不得不把皮肤涂黑,这太麻烦了。恐吓并没有引起任何事故的发生,道奇队反而精力充沛起来——他们连赛两场,跑垒得 24 分。后来,当罗宾逊向福特·弗里克抱怨费城人队球迷的种族嘲讽时,这位联盟主席却无动于衷,甚至《匹兹堡信使报》(罗宾逊的长期支持者)也批评他过度骄傲。该报纸讽刺地提起最近被开除的自负的朝鲜战争指挥官,写道:“麦克阿瑟将军知道他是谁吗,杰基·罗宾逊吗?”

尽管在球场上,道奇队的一切都进行得很顺利,他们和史上最棒的球队展开了较量。8 月 11 日,他们领先巨人队 13 场比赛,德里森轻率地断言巨人队,“不会再给我们带来麻烦了。”道奇队继续打出比 0.500 的击球率更好的成绩，但是纽约却上演了令人难以置信的大逆转，巨人队在剩下的 44 场比赛中赢了 37 场。还有 10 场比赛要进行，道奇队仍然领先 4½场比赛。到 9 月 25 日为止，领先数减少到一场，过程中还伴随着火药味极浓的摩擦，前面提到的具有争议性的达斯科利在本垒板发出的叫喊声引起了球员比在一场非重要比赛上表现得更强烈的情绪。

布鲁克林与费城人队平分秋色时，巨人队彻底击败了波士顿队，这使道奇队在最后的比赛中陷于困境。但是，在第 12 局中，罗宾逊在他的右边（他的“弱侧”）完成了一个惊人的挽救比赛的跳接球，然后在第 14 局中击出一个关键的全垒打，促成了与巨人队进行三场季后赛。狂喜的罗宾逊欢呼道：“现在什么都无法阻挡我们了！”

纽约雄霸整个棒球界。洋基队已经赢得美国棒球联赛奖旗，现在，道奇队和巨人队陷入了一场高度情绪化的战役，他们为争夺世界——和城市——职业棒球大赛冠军而战。在第一场比赛中，巨人队继续他们的奇异表现，博比·汤姆森和蒙特·欧文击出的本垒打将拉夫尔·布兰卡封杀出局，取得 3—1 的胜利。第二天，克莱姆·莱伯恩以 10—0 击败了巨人队，罗宾逊击出 1 个本垒打并促成 3 个跑垒得分。整个赛季持续到最后一场比赛，在 1950 年与冠军失之交臂后，道奇队迫切希望弥补那次的遗憾。他们以 4—1 落后，进入第 9 局末尾，巨人队完成了不太可能的连续得分，在对阵拉尔夫·布兰卡的决赛中，博比·汤姆森以历史性本垒打结束了比赛。这使得巨人队广播员拉斯·霍奇斯近乎歇斯底里地呼喊道："巨人队夺冠！巨人队夺冠！巨人队夺冠！巨人队夺冠！巨人队夺冠!!"这个"世界闻名的本垒打"让道奇队遭受了"可能是美国体育史上最痛苦的失败"。罗宾逊一直到最后都充满斗志，汤姆森快速移动到各垒时，他紧随其后，确定他触摸到每个垒，接下来，作为四名道奇队员代表之一，他展示出风度，拜访了巨人队俱乐部，祝贺这些令人震惊并欢欣鼓舞的胜利者们。巨人队自 1937 年赢得他们的第一面奖旗之后，在世界职业棒球大赛中，每年都是洋基队的手下败将。

罗宾逊又一次对他赛季的戏剧性结局感到非常失望，他这一季的表现已经快要接近他的 1949 年"最有价值球员”的统计数据了。他的击球率达0.338，击出19个本垒打，他的事业达到巅峰，共得106分，其中促成88个跑垒得分。他再一次加快速度，盗垒25次，导致全国联盟的二垒手都在防守。但是这一次，坎皮赢得了他的第一个“最有价值球员”奖。罗宾逊在投票中排名第六，这两个人的个性对比可能是一个影响因素。蒙特·欧文排名第三，黑人运动员在投票的前六名中占据了三个席位，这是一个意义重大的成就。黑人的进步全部联系在一起。大联盟中有14名黑人球员分别效力于5支球队（道奇队、巨人队、印第安人队、布朗队和芝加哥白袜队），14人中仅有5人出现在全明星赛中。巨人队首次派全黑人球员上外场，和他们一起的还有欧文、汉克·汤普森和一个才华横溢的年轻中场手威利·梅斯，他在全国联盟中赢得了这一年的新秀奖。道奇队在1948年就发现了梅斯，当时他只有17岁，但是韦德·马修斯称他不会打曲线球，于是道奇队就没有带走他。巨人队利用了这个机会，梅斯打破了一道壁垒——年轻的黑人可以参加大联盟。虽然仅有5个大联盟球队有黑人球员，但是16个大联盟俱乐部中的13个俱乐部的小联盟系统中都有黑人球员，这意味着伟大试验正在深深扎根于棒球界。

1951—1952 年的冬天，罗宾逊做教练的雄心明显退居次要地位，他和坎皮一起组织参赛球队的巡回表演比赛，途径南部、西南部和加利福尼亚州。虽然他已经发誓要放弃使人精疲力竭的巡回比赛（这些巡回比赛时间长，宾馆条件差，伙食差），但他还是接受了如此多的邀请，出现在使他无法拒绝的国内缺少大联盟球赛的地区。而且，当球员们需要在淡季获得赛季薪水时，赚这种钱是不错的选择。在这次巡回之旅中，罗宾逊注意到自 1947 年以来，南部白人对黑人运动员的“态度有惊人的改变”，这是美国种族关系取得进步的又一令人鼓舞的迹象。对于罗宾逊而言，这次巡回之旅的巅峰是他于 11 月担任加州大学洛杉矶分校同学会的游行大礼官。回到纽约后，罗宾逊和美国全国广播公司（NBC）的西部国家广播公司（WNBC）签订了两年的协议，NWBT 让他担任负责社区活动的副主席，活动包括帮助发展青少年计划以及同一些组织协作，比如童子军、天主教青年组织，当然还有他继续工作的基督教青年会。

罗宾逊像往常一样声称自己对 1952 年的 42 000

美元的合同很满意，然后去了维罗海滩，蕾切尔与他同行。春天发生的这些事情增强了罗宾逊的一种感觉——奥马利缺乏对黑人运动员问题的敏感性。里基之前已经安装好完整的维罗海滩设施，从而保证一定的舒适性，这位新业主将维罗海滩用于早期调节，而后将球队带到迈阿密参加赛季之前的表演赛。这意味着将黑人道奇队员再次置于种族歧视的魔掌，这一举动引起罗宾逊的不满。专横的奥马利召集杰基和蕾切尔去他的办公室，他严厉责备罗比谎称有伤而缺席表演赛，他的缺席对上座率造成了影响。奥马利不理会这对夫妇对他们在迈阿密的隔离住房的抱怨，他说罗宾逊表现得像一个妄自尊大的人。蕾切尔狂怒，她气愤地列举了她丈夫在职业生涯中的受伤记录，因为他对球队的责任，甚至当他受伤时都未曾坐下。至于隔离住房，她讥讽地责备奥马利和道奇队没有努力和宾馆协调。他享受着空调，批评着黑人，还不满他们在湿热环境中所受的羞辱和痛苦，这很可恶。奥马利暂时压制住脾气，退让了。

另一个罗宾逊式的受过良好教育的黑人投手乔·布莱克，在巴尔的摩精英巨人队效力八年后于1952年加入道奇队。他被分配和罗宾逊同住，当老球员罗宾逊让这个新人选床位时，布莱克感到吃惊，然后问他是否可以打架。告知他可以之后，罗宾逊又将里基的名言告诉他，这是他仍然坚持的格言：我们不打架。虽然罗宾逊在球场上嘴上好战，但他在其职业生涯中从未动过拳脚，在球场外也继续保持自制和得体的行为，正如他指导他身后的黑人球员那样。毫无疑问，他对黑人的影响比佩吉对多比的影响大得多，新秀投手回忆说，罗宾逊对他和道奇队其他球员的最大影响是他的竞争态度——你不能放松，否则罗比会赶上你。当布莱克第一次在圣路易斯面对斯坦·穆夏尔时，替补席上的一名红雀队球员大叫："嘿，斯坦，你在那个黑色大背景下打那个白球应该一点儿问题都没有。"布莱克觉得这很滑稽，但是他忍住没有发笑。罗宾逊走过来，他也觉得很可笑，他让布莱克离开并让他们闭嘴。然后比赛继续进行。

罗宾逊依然认为裁判有意针对他。5月，弗兰克·达斯科利又一次激怒了道奇队，他毫不留情地在替补席上压制罗宾逊。新任全国联盟主席沃伦·贾尔斯谴责德里森球队的种族歧视，并单独谴责了罗宾逊。值得赞扬的是，这一次达斯科利说他了解罗比，罗宾逊没有使用种族讥讽的语言。贾尔斯没有应罗宾逊要求向他正式道歉。9月，勇敢的游击手约翰尼·洛根在比赛的第11局中在被投手击打时获得一垒。坎皮争论说他犯规跳球，这本应该是犯规击球。当洛根获得制胜的跑垒得分时，道奇队的洛奇·布里奇斯讽刺地问裁判弗兰克·塞克利他是否在跑垒得分时摇晃了洛根的手。没听到他们对话的罗宾逊插话进来，"他的话令我怀疑。"令他震惊的是，坎皮被罚款100美元，罗宾逊被罚款75美元。罗宾逊十分气愤，他拒绝在可以亲自抗议这个裁决以前支付罚款，当球队强调若他不付清罚款就被停赛时，他的态度才有所缓和。当罗宾逊抱怨乔·布莱克在圣路易斯受到种族侮辱时，球队老板弗雷德·萨伊格说那不是什么了不起的事，红雀队教练埃迪·斯丹基重复了老本·查普曼的观点，那只是棒球比赛中替补席上的正常起哄。本可以和大部分人一起起哄的罗宾逊则坚决认为球场内应禁止种族侮辱，但他没有得到更多支持。

道奇队进入1952年的赛季，他们不再像前两年那样以骄傲自大著称。连续两年在最后一局被驱逐之后，他们暗自下决心一雪耻辱。他们面临着挑战。由于美国军方陷入苏联的冷战泥沼，失去名人待遇的道奇队王牌球员唐·纽科姆应征入伍两年。（巨人队也同样失去了威利·梅斯）剩下的投手们承担起责任，虽然他们中没有一个人赢过的比赛超过15场，乔·布莱克给全体替补投手压阵，起到稳定的作用，帮助上场队员超常发挥。布莱克迅速累积到15胜4负的记录和2.15的跑垒平均得分，也挽回了15场比赛，除了获得新秀奖之外，他在"最有价值球员"的投票中排名第三。这一次，道奇队没有在良好的开端之后失败，他们以比较轻松的方式在4场比赛中战胜了巨人队，赢得了奖旗。罗宾逊击球率为0.308，完成12个本垒打，95个跑垒得分，总得分109分，24次盗垒，对于他而言，这又是一个表现稳定的赛季，尽管他对自己的击球率下降感到失望。在世界职业棒球大赛中，罗宾逊的表现在平均水平以下，击球率为0.174，1个本垒打和2个跑垒得分。比赛开始时，在第七场也就是决定性的比赛中，布莱克和道奇队员们在第七局中以4—2落后。随着满垒和两次出局，罗宾逊在投手的投球区土墩后方击出一个小腾空球。当所有跑垒者在垒周围奔跑时，洋基队停止了片刻，但是二垒手贝利·马丁最终作出反应，就在球快要落地前戏剧性地抓住它，结果击败了道奇队。洋基队通过世界职业棒球大赛的四连冠，追平了他们从1936年到1939年创下的纪录。

当罗宾逊于1946年在蒙特利尔开始他的长途漂泊时，他吸引了加拿大人和美国人的想象力，他的磨难和困苦被广泛报道——他是个大人物。20世纪50年代早期，棒球已经打破许多跨种族的障碍。不知不觉中，这项运动确立的榜样让人认为将黑人签约球员派遣到小联盟而无须考虑周围环境影响好像是理所当然的事。正如后来道奇队的接球手约翰·罗斯伯勒所回忆的那样，道奇队比其他球队更敏感，但是这十年给予他们的年轻黑人球员们的建议和帮助却很少。蕾切尔·罗宾逊谴责沃尔特·奥马利勉强道奇队球员为了成为大联盟球员而竞争，而且在小联盟中，种族歧视通常将黑人球员压得喘不过气，部分原因是在某种程度上公众看不见它的存在。令人吃惊的是，通常种族歧视在西部比在南部更严重。全国各地的小联盟球员要面对许多罗宾逊已面对过的相同障碍，但公共宣传并

杰基·罗宾逊在与芝加哥小熊队的比赛中盗本垒。
(©贝特曼/科比斯)

没有给予他们帮助和支持。

标准棒球练习有时加重了问题的严重性。很少有球队通过分配黑人和白人同住以试图增进理解。当长期在黑人联盟打球的黑人球员阿蒂·威尔逊于1951年被指派到太平洋海岸联盟的奥克兰时，他不得不独住，直到贝利·马丁自愿与他同住。然而，黑人和白人队友之间几乎没有发生过重大摩擦事件。但是，在球队之间，击中击球手头部的球会引起事故和伤害。为防止击球手在本垒板附近刨出小坑（以便击球时更好地发力），投出的头侧球会偏内侧甚至正中击球手的头部。相比之下，击中击球手头部的球将从击球手的肩部后方投出，击球手将反身闪避并获得此球。1949年到1951年，至少六名被球击中头部的黑人球员被担架抬离球场，而且随着黑人球员的增多，击中头部的球似乎并没有减少。在大联盟中，像罗宾逊、明尼·米诺索和弗兰克·罗宾逊这些黑人，通常在联盟中率先被投球击中。汉克·阿伦记得自己在勇士队曾无数次被击中，然而他那动作迟钝的白人队友埃迪·马修斯似乎从未被击中。1952年7月，在派珀·戴维斯被旧金山海豹队的比尔·贝姆勒击中并停赛一周之后，这两支球队在奥克兰相遇了，贝姆勒两次击倒戴维斯。戴维斯加倍奉还，在本垒板上补接本垒时将贝姆勒击倒，这引发了记录在案的最严重的棒球斗殴事件。美国联邦调查局的介入帮助镇压了奥克兰与海豹队之间即将爆发的紧张局势和威胁，但是对于黑人运动员而言，危险仍然存在。

奇怪的是，黑人联盟的老运动员们少有机会在大联盟中施展他们的才华。阿蒂·威尔逊在太平洋海岸联盟中是强大的击球率为0.300的击球手，但在巨人队的计划中却将他作为游击手排在阿尔·达克之后，他在1951年初击出22个有利于威利·梅斯的球之后被开除。他再也没有被召回。昆西·特鲁普是一名出色的接球手，1952年，他于39岁时在对战克利夫兰的比赛中短暂逗留，出场击球十次，但是他被送回了小联盟，而且没有关于这位有22年打球经验的老运动员的任何评价记录。其他人，比如在1950年仅有31岁的派珀·戴维斯，以及据报道称是最佳三垒手的雷·丹德里奇，都令人遗憾地从未参加过大联盟比赛，尽管他们在小联盟中表现出色。前进的道路崎岖不平。

与此同时，杰基·罗宾逊的生活一切都很顺利。他将蕾切尔的兄弟查克·威廉斯和他的家人接到纽约和他们住在一起（罗宾逊一家在洛杉矶就已经和他们一起住了两年），并给查克安排了一份好工作，给他们提供住处，直到他们定居下来。他也将他的老伙伴杰克·戈登和他的家人带到纽约，并安排他在杰基·罗宾逊商店（1952年12月在哈勒姆开业的服装公司）工作。虽然罗宾逊喜欢和顾客聊天，但是这个公司并没有很多盈利，罗宾逊于1958年将它出售。对这个家庭而言更重要的事是，蕾切尔于1952年5月14日生下了她的第三个孩子大卫。尽管分娩很顺利，但她之后还是感染了肾炎，医生建议以后不要再生孩子了，这让这对父母都感到失望。那年夏天，罗宾逊惊慌地从圣路易斯坐飞机回家，因为蕾切尔的乳房出现肿块，医生坚持要通知她的丈夫，尽管她不愿意让他不安。当得知不是癌症时，罗宾逊一家大大地松了一口气。恐慌过后，这个家庭在呼朋唤友中度过了愉快的一年。

一个具有争议性的事件毁掉了1952年到1953年的这个相对平静的冬天。罗比在电视节目中被一个年轻女孩问到他是否觉得排斥黑人的洋基队球员怀有偏见，他诚实地说球员们没有，但是球队老板似乎有。这个事件成了第二天的新闻头条，洋基队主席乔治·韦斯表达了他的愤怒，尽管知情人士指出他总是迎合高档次的威彻斯特郡的白人客户，而且偏见的断言可能是真实的。然后，新任大联盟理事长福特·弗里克要求罗宾逊作出解释，并且对于他的答复——他只是实话实说感到非常满意。弗里克建议以后避免这个话题，罗宾逊表示赞同——如果他可以的话！罗宾逊怀疑在争议话题上采取主动权会更容易，他于1953年4

月开始出版一本关于黑人体育的短期杂志，命名为《我们的体育》。但是，似乎无论他做什么事，都会引起争议。

第九章

职业生涯的最后时光

1953 年的春天将尽，罗比不知不觉卷入了一场新的争议，仅此一次不是他自己造成的争议。“小”吉姆·吉列姆是一个 24 岁的黑人，他已在 1952 年的国际联盟中赢得了“最有价值球员”称号，左右手均能击球，击中率为 0.301，跑垒得分达 112 分，同时在二垒的表现也很出色。由于吉列姆被指定为将来的二垒手，杰基不得不再找一个位置，德里森设想将他转移到三垒，原先的一流三垒手贝利·考克斯已经在本垒板上逐渐落后。考克斯在种族问题上并不是太激进(讽刺的是，他是在迪克西·沃克的交易中加入的道奇队)，他尤其强烈地抱怨他被另一名黑人球员替代了。20 世纪五十年代早期，顶级的小联盟和大联盟球队似乎有一个三名或四名黑人球员的非正式上限，以避免疏离白人球迷。因此，拉里·多比后来继续保持这一惯例，黑人球员们不得不“加倍优秀”才能出现在注册队员名单上。据报道，道奇队签约年轻的南部白人候选人的难度正在加大，因为他们觉得和黑人队友一起比赛不自在。普利彻·罗认识到球队中持续的种族矛盾，为“他们”成为主流而感到惋惜。罗宾逊努力为考克斯作掩护，他告诉新闻媒体这位三垒手即便是被白人球员抢走了工作也会同样不高兴。为了维持球队的和平，那一年罗比在左外场打了 76 场比赛，仅有 44 场在三垒，其他场次则待在二垒、一垒，甚至游击手的位置。

罗宾逊在 1953 年迎来了他最好的赛季之一。他在职业生涯的最后一年，击球率达 0.329，完成了 12 个本垒打，获得 95 分跑垒得分，同时盗垒 17 次，400 次击球，堪称击球冠军。由于他的防守位置不固定，全国棒球联盟主席沃伦·贾尔斯规定，在全明星比赛中，他将被视为三垒手，杰基在投票中名列第二，仅次于年轻的密尔沃基勇士队强击手埃迪·马修斯(波士顿勇士队已经为 1953 年的赛季迁至威斯康星州，这是半世纪以来第一次的大联盟管辖权变化，而且像马修斯和汉克·亚伦这样的年轻球星的出现是道奇队的主要威胁）。罗宾逊在“最有价值球员”的投票中排名第12位，远远落后于罗伊·坎帕内拉，而坎帕内拉的40个本垒打和杰出的防守为他赢得了他的第二个“最有价值球员”称号，使他成为第四位获得一次以上该奖项的全国棒球联盟球员。记分卡最后一次记录下杰基在“最有价值球员”投票中赢得的选票。同时，小吉列姆获得年度新秀的头衔，结束了罗宾逊于1947年开始的附加条件。1948年，除了阿尔·达克之外，罗宾逊、纽科姆、萨姆·杰斯罗、威利·梅斯、乔·布莱克和吉列姆都是黑人。芝加哥小熊队的游击手厄尼·班克斯、红人队的外场手弗兰克·罗宾逊和海盗队的罗伯托·克莱门特使黑人天才的队伍迅速壮大，这使影响力长期次于洋基队主导的美国联盟的全国棒球联盟的地位突然上升，并成为未来几十年的主宰。

在坎皮、罗宾逊、吉列姆和杜克·斯奈德的激励下，道奇队创下了球队纪录，赢了105场比赛，轻松夺得了奖旗，又一次赢得了击败多年来秋季经典赛竞争者洋基队的机会。罗宾逊在大强度的赛季之后因他和他的球队的表现感到激情洋溢，他表明“如果我们这一次没有赢，我们就再也不会赢了”。但是他们没有赢——这个讨厌的跨市而来的对手在六场比赛中击败了道奇队，在布鲁克林似乎无休止地歌唱着，“明年等着瞧”。罗宾逊击球率为 0.320，这是他有史以来在世界职业棒球大赛上获得的最好成绩，但是洋基队创下五连冠的纪录。不过整个赛季中，罗宾逊都在设法维持他一贯的良好表现。当严重的死亡威胁于 9 月在圣路易斯出现时，这标志着他在七年中第十次因这种事件引起如此不必要的关注。这番成就无疑创下了一项记录，尽管死亡威胁鲜有发生，棒球界也不会为此保留统计数据。在球场上，罗宾逊的名声继续引起争议。虽然他在 12 年的职业生涯中从未在球场的对峙中动过拳头，他还是被视为鲁莽的人。罗伊·坎帕内拉被卢·伯德特的头球激怒，他拿着球棒在投手身后突然跳起，却在造成伤害之前被队友制止了。卡尔·福利罗对巨人队朝他的脑袋投球感到心烦，他在球员休息处指责里利奥·迪罗谢，福利罗认为是迪罗谢精心安排让他的头被击中，他想让总教练带着头盔，在脱掉之前猛打。但是罗宾逊咄咄逼人的好战性掩盖了他身上的一切优点，他一直被视为脾气暴躁的愤怒者。似乎当其他球员被看作独立的个人时，罗宾逊是一个改变的象征，他的象征意义让他个人的实际表现黯然失色。

在淡季期间，尽管罗宾逊渴望减少巡回表演赛的数量，但是他发现如此多的球迷请求和报酬使他无法抗拒，于是他带领球队上路了，他的名册中包含了三名白人球员，这是一次创新。当孟菲斯市和伯明翰市的市政官员拒绝允许融合的球队比赛时，罗宾逊将这三名白人球员搁置在一旁，这引起了一些批评声，认为他不为民族融合而抗争。至少在伯明翰，罗比已经认识到政治风险非正式观察员们未注意到的问题，正在竞选市委的极端种族隔离主义者布尔·康纳可能会从对种族融合争议性斗争的强烈对抗中受益。罗宾逊放慢速度，而康诺尔竞选失败。

那年冬天，罗宾逊也加大了对种族和宗教和谐的支持，并担任了全国基督教徒和犹太教徒联合会(NCCJ)社区组织委员会的主席。该联合会建立于1928年，从1934年开始发起“兄弟会周”，宣扬一种不同宗教和谐共处的理智方法。罗宾逊在全国巡回演讲上发表了(他告诉听众，尤其是他最关心的年轻人们)关于种族宽容、宗教、教育和家庭价值的鼓舞人心的演讲，尽管有几分陈词滥调。也许对他而言最重要的是，他想要有所改变，与众不同。他在美国广播公司的副主席职位虽然报酬丰厚，但他认为这是一个名誉职位，没有明确的职责；由于不愿以一个挂名头衔为生，他便于 1954 年 2 月辞去该职位。他认为联合会的工作要充实和有意义得多。

里基的离开使罗宾逊严重受挫。后来，当查理·德里森（他最喜爱的教练）在取得两连冠之后向奥马利要求签两年合同时，这位主席表示德里森没有赢得世界职业棒球大赛，并拒绝为他打破一年合同制。德里森离开后，奥马利任命少言寡语的沃特·奥尔斯顿接任他的位置，罗宾逊认为他是一个埋头苦干、缺乏想象力的教练。奥尔斯顿专门培训了道奇队的所有在小联盟中跟随罗宾逊的黑人球员，但是他担心由于这位先锋球员已经是德里森的崇拜者，他不会为新教练卖力。罗宾逊加剧了这个问题的严重性，他在整个春训中都是很晚才露面进行训练。最终，奥尔斯顿私下找罗宾逊谈话，然后罗宾逊的表现才有所改善，但是这位新教练从未给他留下深刻印象。对于罗宾逊而言，奥尔斯顿对奥马利过于忠诚，而对于像他这样的“里基派”，会将奥尔斯顿列入坏人名单。在 8 月的一场戏剧性交锋中，杜克·斯奈德在芝加哥打出了一个在球场内弹回来的本垒打。裁判说这球没有认真在打，斯奈德被双杀出局。罗宾逊冲出来争论，认为这是个明显的误判（正如第二天报纸上的照片所揭露的那样），但却发现奥尔斯顿认为抗议不合适——罗宾逊独自面对裁判判决后的暴风雨。比赛后，他猛烈抨击奥尔斯顿“像一个木刻印第安人立像一样”站在三垒教练区却并没有履行他的职责，这使两个人之间的关系没有得到多大的改善。至于奥马利，罗宾逊已经在1953年7月《我们的体育》中的一篇文章里作出了火上浇油的事，他在文中辩解道，里基并不是传言中的吝啬鬼，但奥马利却是——罗宾逊甚至在后者面前少报了自己的报酬。罗宾逊对球队统治集团关系的紧张负有很大责任。

当罗宾逊处理自己的麻烦时，其他人物正慢慢浮出水面，他们在萌芽中的民权运动中扮演着至关重要的角色。瑟古德·马歇尔是1940年全国有色人种协进会的首席律师，他已通过法庭推翻了黑人法律。在“史密斯诉奥尔莱特”案（1944）中，最高法院禁止全白人的预选制度，为黑人在政治界取得一席之位创造了新的可能性。“谢利诉克雷默”案（1948）宣布限制性的住房条款不合法，照亮了居民区种族融合的前景。在种族隔离研究课题上取得两次胜利后，1954 年的“布朗诉托皮卡教育局”案使马歇尔的影响力达到巅峰。这个里程碑式的判决推翻了 1896 年“普莱西诉弗格森”案提出的“隔离但平等”信条，为美国的公共学校——最终是其他一切——的逐步融合铺平了道路。1955 年，当全国有色人种协进会的积极分子罗莎·帕克斯在亚拉巴马的蒙哥马利拒绝将自己的座位让给一位白人乘客时，她引发了一场联合抵制巴士运动，使马丁·路德·金一跃成名，备受全国瞩目。在接下来的几年里，金比罗宾逊获得了更大的影响力和名声，他根据马歇尔的合法判例发起了无数不那么知名的民权改革运动以及里基和罗宾逊那样的民族融合运动，将民权从少数种族斗争转移为国家共识斗争。

“布朗诉托皮卡教育局”案的判决激励了罗宾逊。蕾切尔和杰基都感到他们的棒球改革运动的范围已经扩大，而且它的影响力已激发了社会对平等的追求。在快要判决之前，圣路易斯的切斯酒店终于允许黑人运动员入住，纽科姆回忆，他将罗宾逊拽进酒店，面对经理强迫他做出决定。出于处世原则，坎皮和吉列姆拒绝去原先不接纳他们的地方，但是在圣路易斯炎热潮湿的夏季，有空调使得这次运动对罗宾逊而言成了一件容易的事。又花了一年时间，黑人可以进入餐馆或夜总会或酒店游泳池，而这次运动最终废止了全国棒球联盟中最后的拒不合作者的种族隔离行为。在美国联盟中，巴尔的摩和华盛顿在作出相似让步之前抵制了几年。社会缓慢地进步，棒球界勉强率先前进，但它起到了探路者的作用。在道奇队取得种族突破之后，来到圣路易斯观看球赛的黑人球迷终于可以舒适地入住切斯酒店了。作为道奇队的球员代表，卡尔·厄斯金后来也质问过自己为什么没有直面对抗切斯酒店的管理人员。“我们四处走动时并没有意识到有什么错的。在杰基周围，因为杰基，我们感到事情逐渐向正确的方向发展。”

道奇队和罗宾逊在1954年都经历了不顺。巨人队在洋基队没有赢得美国联盟旗帜的少见情况下赢得了奖旗，自1946年以后又一次打败了克利夫兰印第安人队，第一次夺得全国棒球联盟世界冠军，同时，红雀队击败了红袜队。被罗宾逊赞扬为比赛中最佳球员的威利·梅斯赢得了全国棒球联盟“最有价值球员”称号。道奇队仍然在等待来年。罗宾逊如火如荼地开始赛季,但接下来表现平平,以 0.311 的击中率告终,他的最后赛季击球率为 0.300。他仅达成 59 个跑垒得分,盗垒仅 7 次。道奇队统计员艾伦·罗思责备他没有在关键时刻或在重大比赛中击球,而且他已经丧失了在垒上的攻击性。道奇队的顶级球探安迪·海伊建议如果罗比还有价值的话就用他交换其他球员,秋天有谣言说他会在匹兹堡与里基重新聚合,尽管罗宾逊澄清如果他被交换到纽约市外,他就会退休。但是,道奇队衰退的最大原因是坎皮——他接受了一次手部手术,使他的两根手指失去了知觉,平均击球率大幅下降到 0.207,只有 19 个本垒打和 51 个跑垒得分。

罗宾逊挑衅的个性使他持续陷于与裁判不和的尴尬处境。在乔可·康兰的自传中,他称罗宾逊是他不得不应对的“最执拗”的球员,因为“罗宾逊从不会接受判定”。在密尔沃基的一场比赛中,里斯被判出局后,替补席上的球员们变得活跃起来,他们挥舞着白色毛巾,嘲笑裁判的错误判定。由于淋浴室的墙壁高度没有触及天花板,在相邻的裁判更衣室里可以听见道奇队赛后在淋浴室里的抱怨声,在球员们谈论这次事件时，罗宾逊尖锐的声音显得尤为突出。令罗比惊讶的是，他被罚款75美元，尽管他已经算是替补席上比较克制的抗议者之一了。自由言论的权利在哪里？密尔沃基也是另一事件的发生地点。6月2日，勇士队在比赛第5局的前半局以6—2领先，道奇队被强制结束第5局后，裁判就以下雨为由打算宣布比赛停止。在此之前，本垒板裁判的疏忽造成了勇士队游击手约翰尼·洛根仅因三个坏球就保送上垒。在第5局击球的过程中，罗宾逊天真地问道他是否也可以因三个坏球就保送上垒。裁判李·巴兰范特已经受够了罗宾逊，于是将他判出局。罗宾逊朝着球员休息处走去，他将他的湿球棒朝球棒架方向扔过去，但球棒从他手上滑出，飞入了人群。虽然没有人受伤，罗宾逊也诚恳地为这次意外道歉，而且巴兰范特正式声明，罗宾逊的这一举动并非故意或者是出于愤怒，但联盟的球迷们还是将这次事件看作是棒球愤怒者的又一次失控行为，他们在赛季的剩余比赛中都对罗宾逊发出嘘声。一个运动员一旦被建立起某种形象，就很难再摆脱它。

当罗宾逊在球场上战斗时，蕾切尔已经开始寻找新家了。圣奥尔本斯是一个种族融合的社区，但是随着年长白人夫妇的搬走，年轻黑人家庭和孩子们的搬进，学校变得非常拥挤，不得不实行两学期制度，这削弱了种族融合感。罗宾逊将寻找住处的事情留给妻子，而他的妻子在寻找新家的过程中遇到了一些常见的阻碍。蕾切尔通过一位来自康涅狄格州斯坦福德的白人女房地产经纪人，在纽约的切斯特港找到一处她喜欢的房子，但是当她开出买价时，卖主又不卖了。另一位康涅狄格州格林威治的卖主拒绝让她参观他的房子。蕾切尔平静地接受了这些挫折，这表明，与她那位具有很强攻击性的丈夫相比，蕾切尔没有那么好斗。当房地产经纪人似乎在有意避谈她自己所在的斯坦福德社区的房产时，蕾切尔怀疑她不诚信。《布里奇波特先驱报》(该报正在作一个关于黑人住房的专栏)听说了蕾切尔的麻烦后，报道了她的遭遇，并挑出斯坦福德给予了特别批评。一群当地的官员对这个事件都感到很吃惊，于是他们在碰面后便安排了与蕾切尔的会面。他们向蕾切尔保证会给予她支持，另外，在会面后，安德烈娅·西蒙(出版商理查德·西蒙的妻子)让蕾切尔大吃一惊，她让一位房地产经纪人向蕾切尔介绍了一些房产。也许有一点儿怀疑蕾切尔的真诚——一些评论员将罗宾逊一家视为对煽风点火比对搬家更感兴趣的外地人。但事情并没有就此结束——一天，蕾切尔发现了一块已打好地基的地，这块地符合她对空间、水和隐私的所有标准，当她的丈夫看到这块地时，也很满意。蕾切尔后来回忆，实际上，当她听到“这房子出售；只要您有钱；它就是您的”时，她从未像现在一样感到自己就是一个真正的美国人。

建筑师本·冈纳给这栋房子增添了许多修饰物，他修建了一座伫立在池塘旁的小山，蕾切尔也不断提出新主意，罗宾逊一家原本希望在1954年9月学校开学时就能及时搬进去，结果在秋天到来时离完工还有很久。西蒙一家返回城市时，慷慨地将他们在斯坦福德的避暑别墅借给罗宾逊一家，而且安德烈娅·西蒙和蕾切尔成了生活中的知己。终于，在1955年2月16日，罗宾逊家的房子竣工了。这栋房子原本标价为62 000美元，现在又涨了28 500美元，甚至还不包括建筑师的费用。但是，罗宾逊一家在北斯坦福德的喀斯喀特路103号拥有了他们的梦想之家。池塘也属于不动产。罗宾逊生气时会拿出一桶高尔夫球，然后将它们使劲打到池塘里，戏谑地把这些球当成白人。康涅狄格州的生活非常吸引人，以至于罗宾逊在 1954 年推掉了固定的巡回表演赛工作。虽然他为美国全国基督教徒和犹太教徒联合会花了两周时间进行巡回演讲，并继续和基督教青年会一起工作，但他还是花了很多时间在家沉迷于他的新喜好——高尔夫球。

罗宾逊有充分的理由可以过得轻松一点。然而，这一次他被诊断出糖尿病，但他没有把这个消息告诉他的球队和经理。罗宾逊想继续打棒球，直到他不能打为止，但是渐渐地，随着他的身体愈加肥胖，他的双腿失去力量，他的身体日渐衰弱，罗宾逊不得不要求自己表现得更优秀。给罗宾逊诊断的医生说，他从未见过一个参赛运动员的身体恶化到如此程度。

将人们的注意力从罗宾逊的身体状况上转移的方法就是使人们关注他的思想。罗宾逊频繁地出现在新闻媒体上，因为他比大多数棒球运动员更聪明也更善于表达，也因为他很坦率。新闻记者常常可以从罗宾逊那里得到他们的文章所需要的精炼引语。迪克·扬解释说："罗宾逊有着孩子般的机智，因为他具有孩子般的纯洁品性。"另一方面，扬也因相同原因批评了罗宾逊，他将罗宾逊与道奇队的接球手坎皮进行比较。

“当我与坎皮谈话时，我几乎从不把他当作黑人。但是每次我与你谈话，我都十分清楚地意识到你是黑人这个事实。”罗宾逊巧妙地回应了扬的批评，他指出在佛罗里达春训的人们或在切斯酒店的人们都把坎皮看作黑人。扬的意思是说坎皮不是“某类”黑人：像罗宾逊这类爱出风头的黑人。米尔顿·格罗斯有趣地描述了罗宾逊与新闻界的关系：“其他任何人说的话都可能会被忽视。但只要杰基一开口，大家都争先恐后地插一脚。”

罗宾逊感到需要表达自己的一个原因是他确实不太适应大联盟棒球的氛围。当罗宾逊为堪萨斯城帝王队效力时，他不赞同黑人联盟球员痛饮狂欢和玩弄女人的作风，而且他对许多大联盟球员也持有相似的保留意见。当罗宾逊享受着朋友们（诸如电视台的爱德华·R.默罗和爱德·沙利文、作家罗杰·卡恩以及桥牌大师查尔斯·戈伦）的知识启发时，他发现大多数棒球运动员的知识水平都在他之下。罗宾逊的其他队友也几乎没有尽自己所能为社会贡献力量的渴望。罗宾逊期望使自己的生命变得有价值，不仅是改善棒球界，即使已取得突破性进展，他还期待着新的更有意义的挑战。

1955 年的春训令罗比感到灰心，同时也使他与奥尔斯顿及奥马利的关系更为紧张。道奇队将比利·考克斯卖给了金莺队，将三垒留给了罗宾逊，罗宾逊大概是这么认为的。但是，教练说他希望年轻的唐·霍克能胜任三垒的位置，而罗宾逊只在春季比赛中间歇地上场比赛。4 月初，罗宾逊怒气冲冲地对记者迪克·扬说，当他偶尔出现而大多数时间不在比赛球员阵容中时，他很难保持稳定性。扬找到奥尔斯顿，问他罗宾逊是否将参加比赛，为此他们召开了球队会议，教练和罗宾逊在会上陷入了激烈争吵，里斯和霍奇斯不得不上前劝阻狂怒的罗宾逊。当罗宾逊冷静下来后，他承认他本应该将他的顾虑直接告诉奥尔斯顿而不是记者，但是现在想抚平他们之间的裂痕，已为时太晚。

8 月，一些分析人士注意到罗宾逊与里基会面的十周年纪念日到了。这时，大联盟中将近有 40 名黑人球员，自埃尔斯顿·霍华德在当年冲破洋基队的种族界限后，仅有红袜队、老虎队和费城人队仍然没有黑人球员。但是，罗宾逊认为奥马利和他的良师益友相比，缺乏对种族问题的敏感度。1955 年迈阿密地区的教堂爆炸案加剧了罗宾逊与道奇队老板之间的不快。当记者询问运动员们对爆炸案的反应时，罗宾逊表达了他对这次极端种族隔离主义行为的愤怒。另一方面，坎帕内拉则表明，如果黑人不是太过激进的话，这类事件就可以避免。罗宾逊对此感到震惊。坎皮怎能将责任归咎于这些只是在试图行使宪法权利的人们？此时，奥马利插嘴进来，批评罗宾逊的言论“不适时和过激”。罗宾逊没有收敛地说，“我不是奥马利类型的黑人。”7月，道奇队管理层在皮·维·里斯获得荣誉的当夜表现出令人出奇的麻木。第五局中，在灯光暗下来之后，烛光照亮了整个棒球公园，这名经战多年的游击手接受了令人激动的颂词，然后灯光又亮起来，一面很大的南部联邦旗帜在微风中飘动，让人误以为是对肯塔基人里斯的颂词。比赛结束后，罗宾逊无法控制他的愤怒，他的激烈言辞使这个本应是众人同乐的场合大为扫兴。

有趣的是，虽然罗宾逊在新闻界和棒球管理层（除了里基以外）没有什么朋友，但是“几乎所有球员都把他当作一个真正的男人来喜爱和尊敬”。新闻界没有注意到罗宾逊的社交礼仪表现，比如他欢迎球队新成员的方式，他会跟新成员握手并鼓励他们。从卡尔·厄斯金到罗杰·克雷格到唐·德赖斯代尔到桑迪·柯法斯再到汤姆·拉索达，所有新球员都记得罗宾逊对他们的那种超出职责之外的关心，他让他们感受到自己是球队的一员。也许罗宾逊没忘记少数运动员对他的欢迎是多么重要，但或许仅仅是因为他认为这件事是对的才这么做，即使他可能不赞同他们的一些行为方式。在年轻的罗杰·克雷格加入道奇队之后，罗宾逊甚至开车将他送到机场，以便罗杰可以接他从蒙特利尔赶来的妻子。

1955年，“来年”终于降临布鲁克林。尽管有艰苦的春训和如此缓慢的开始阶段（以至于罗比请求奥尔斯顿让他作为替补队员以便养伤），道奇队还是鲤鱼跃龙门，创造了十连胜的联盟纪录，赢得了前25场比赛中的22场胜利。他们在9月8日赢得了奖旗，这是联盟历史上最早获得奖旗的时间，此时他们领先勇士队18场比赛。这是罗宾逊迄今为止最糟糕的赛季，由于受伤，他的比赛时间减少了，自1948年以来罗宾逊第一次没有参加全明星球队；他仅参加了105场比赛，击球率为0.256，赢得36个跑垒得分，大部分处在三垒的位置。罗宾逊的身体开始变得虚弱，他不得不依靠意志力和策略来为球队赢分，但他却绽放出了任何人都无法匹敌的光芒。在开赛日那天，罗宾逊展现出他的棒球智慧。从一垒开始，跟随一个确定的双杀滚地球跑向二垒，罗宾逊让球击中了他。罗宾逊自动出局，但是坎皮到达了一垒，这个死球成就了一垒安打。记者们记录了这一聪明的战略，赞扬了罗宾逊的敏捷。

洋基队重返世界职业棒球大赛，他们被寄予厚望——继他们的“休息年”后再次夺冠，洋基队赢得了前两场比赛，然而，罗宾逊几乎单枪匹马地凭借他使人不安的跑垒和一个关键的三垒打，改变了第三场比赛的局面。虽然罗宾逊仅以 0.182 的击中率结束了世界职业棒球大赛，而且还失误两次，但他在六场比赛中获得五次跑垒得分，并帮助道奇队实现了第七场与洋基队的比赛，道奇队在 1947 年和 1952 年就是在这场比赛中被击败的。这一次，罗宾逊坐上了替补席，约翰尼·波德瑞斯漂亮的投球完全封锁了对方，比赛的局面被桑迪·阿莫罗斯在第七局的短跑一击挽回，球压在了左外野线上，他完成了一个双杀，最终，道奇队以 2—0 取胜，成了世界大赛冠军。

罗宾逊的脑海中又一次闪现出退役的念头，尽管他的身体状况在恶化，但想超越自我的坚定意志却驱使他再战一年。罗宾逊想在巅峰时刻离开，而非在他最糟糕的赛季之后。他认为，棒球和扑克牌很相似——没人愿意在输的时候结束，虽然道奇队最终夺冠，但就他个人而言，他输了。而且，下一年正好是罗宾逊在大联盟的第十年，他可以领取令人羡慕的棒球养老金计划中的最高标准养老金，退役后每个月可额外获得300美元的补贴。罗宾逊没有任何实现自我或实际可行的选择，所以他决定回到棒球场再战一个赛季。

不出所料，“布朗案”的判决激起了南方白人对种族融合的抗议，处于惊恐中的南方城市和州又退回到种族融合取得进步之前的状态。伯明翰重新实行跨种族体育运动的禁令，路易斯安那州也采取相同行动，这意味着当得克萨斯联盟棒球队于1957年前往什里夫波特（美国路易斯安那州西北部城市）参加比赛时，他们不得不留下他们的黑人球员。当黑人球迷在抗议中联合抵制得克萨斯联盟棒球时，什里夫波特被联盟除名，经济利益战胜了社会问题。在球场外，白人公民委员会登记了30多万名种族隔离拥护者，而且100多名国会议员签署了《南方宣言》，反对学校种族融合。密西西比在1955年发生了四起种族谋杀案，其中包括14岁的芝加哥游客埃米特·蒂尔。三K党卷土重来，1955年到1958年期间发生了许多种族事件，其中有44起殴打事件和29起枪击事件，这给任何可能挑战种族歧视的黑人造成了威胁。

被派遣到南方小联盟的黑人运动员（尤其是那些从该地区以外来的运动员）发现情况很可怕。没有人统计过在面对残酷敌对时可能放弃了比赛的黑人运动员的人数。一些运动员幸免于难，成了明星，但他们的伤疤却难以痊愈。1956年，柯特·弗勒德出现在北卡罗来纳州的海波恩特—托马斯维尔，但他的队友不跟他讲话。由于黑人和白人一起更衣或淋浴是不合法的，球迷们打算将他赶出棒球界。弗勒德经常一回到自己房间就突然大哭起来，但是，他还是成功获得了0.340的击中率，在联盟中占领先地位，并于第二年进入大联盟。利昂·瓦格纳在球队中担任左外野手，一名在看台后方手持猎枪的男子告诉利昂，如果他接住腾空球，该男子就会朝他开枪。于是，这名受了惊吓的19岁球员漏接了腾空球，并在这一局结束后将这件事告诉了他的教练，后来这名持枪男子被逮捕了。弗兰克·罗宾逊将送孩子们去佛罗里达度假称之为"不折不扣的残忍"——玩耍时种族歧视的负担往往会被施加到他们身上。南大西洋联盟或者萨莉联盟对于第一次离家的球员们来说是地狱。"种族隔离，"罗宾逊回忆道，"改变了他们的性格，伤害了他们的人格，也阻碍了他们的发展。"黑人新手球员应该在第一年被派遣到西部和北部，尽管那些地方的情况只是略微好一点。波多黎各的维克·鲍尔认为这里的种族隔离和他家乡的不同，他家乡的种族隔离是经济上的隔离——富人可以去任何地方，而穷人却无法承担费用；如果你没有钱，你就被隔离了。

那么作为消除种族隔离运动的领头羊，组织有序的棒球运动进展如何呢？不出意外的是，罗宾逊说棒球运动做得还不够，进步也不够快，尽管他曾在1952年说过他和里基都没有意料到变化发生得如此迅速。理事长福特·弗里克甚至指出，棒球运动虽然不处于进步的最前线，但它反映了广大社会的变化，他声称棒球运动不具有推动社会转型的作用。然而，棒球运动确实起到了变革作用。马丁·路德·金在被暗杀前不久对唐·纽科姆说，“如果没有你们为人们建立起变革的思想基础，我都不知道还能做些什么。你、杰基和罗伊都不知道你们的努力使我的工作变得多么简单。”很多见多识广的旁观者都清晰地看到了体育运动中的种族歧视。在橄榄球运动中，黑人几乎从不担任诸如四分卫这样的领导角色，而是担任一些不需用脑力的位置，比如中卫、防守后卫或线上球员。在棒球运动中，大联盟球队的边缘球员往往是白人球员。优秀的黑人球员参加比赛，边缘球员继续留在小联盟。1968 年，大联盟的一半外场手都是黑人，但其他位置的球员中仅有 20%是黑人，这种情况一直持续到了 20 世纪 80 年代中期，那时的外场手中 70%是黑人，而投手、二垒手和三垒手中黑人仅占 7%——而且没有非裔美国人接球手。黑人被认为不够机智而无法担任重要位置。尽管有许多失败，但是再也没有一个机构或媒介像棒球运动一样摧毁了如此多的种族壁垒。这项运动确实存在缺点，但要看拿它和什么相比了。

1956年的春训进行得相当平静，但是道奇队遇到了芝加哥小熊队的兰迪·杰克逊和他的21个本垒打技巧，这给三垒的罗宾逊带来了挑战。这个赛季以激烈的三方争夺奖旗为特色：热衷全垒打的红人队、新兴的勇士队和道奇队在最后关头为最高荣誉而一决雌雄。7月底，密尔沃基领先道奇队五场比赛，此时奥尔斯顿将罗宾逊安排在三垒上，那天罗宾逊在第九局中带领道奇队战胜了勇士队，接下来道奇队又连胜两场，将密尔沃基领先的比赛场数减至两场。罗宾逊正在与疾病和伤痛作斗争，但他还是协助道奇队在赛季的最后一天赢得了奖旗，最后勇士队和辛辛那提红人队分别以一场比赛和两场比赛落后于道奇队。纽科姆与道奇队同步迎来了他的最佳赛季，他赢得了27场比赛，获得"最有价值球员"称号和首次"赛扬奖"的最佳投手。在世界职业棒球大赛中，道奇队与洋基队在前四场比赛中打成平手。第五场比赛中，纽约的唐·拉森投出了第一个世界职业棒球大赛的无安打，以2—0的一边倒比赛战胜了萨尔·玛格利，后者离开巨人队加入了道奇队。罗比在赛后拜访了拉森，对他的历史性成就表示祝贺。在第六场比赛中，罗比在第十局中使吉列姆跑垒得分，实现了他棒球生涯中最后的辉煌瞬间，但是洋基队在第七场比赛中重击了纽科姆，从而恢复了其在棒球界的霸主地位。

正如罗宾逊所希望的那样，他的进攻比令人失望的 1955 年赛季有所提高，他参加了 117 场比赛，击球率上升至 0.275，10 个本垒打，43 个跑垒得分，61 次跑垒以及 12 次盗垒，强打率为 0.412。他也爆发过几次他那出名的火爆脾气。在棒球锦标赛争夺最激烈的时候，罗宾逊确信勇士队的投手卢·伯德特对他进行了种族侮辱，于是罗比在球员休息处朝着伯德特猛投出一个球，这个球刚刚从伯德特的头边擦过。当伯德特否认他的言论带有种族意味时，罗宾逊接受了他的否认，大度地没有再追究这件事。另一个事件是由巨人队的汤姆·希恩引起的，据报道，他曾说过道奇队员年纪太大速度太慢以致无法赢得奖旗，而一只手残废了的卡尔·厄斯金弱得像一个垃圾工。凭借止痛针的作用，厄斯金对巨人队投出一个无安打，但是罗比并没有祝贺厄斯金，而是径直走到了巨人队的击球员区，重新上演了一遍希恩的故事，他询问道“你认为那个垃圾怎么样？”

世界职业棒球大赛之后，道奇队到日本进行了友好访问，这是为增进与第二次世界大战敌国的关系而作出的努力之一。蕾切尔和其他球员的妻子们与球队同行，蕾切尔和罗宾逊十分享受这次旅行。罗宾逊发现自己又一次成了备受关注的中心人物，他不断尝试新事物，他比从前在国内那个谨小慎微的罗宾逊更吸引他的东道主们。罗宾逊"光荣"地成了第一个在日本比赛中被封杀出局的道奇人，乔可·康兰也获得了这份"荣耀"；罗宾逊并没有将他强烈的竞争力留在家。同时，蕾切尔和凯·奥马利相处得很融洽，她们俩沉迷于博物馆和剧院。当20场比赛的日程结束时，大使约翰·艾利森私下对罗宾逊在促进两国关系中起到的作用表示了感谢。

从梦幻之旅返回到现实后，这是罗宾逊连续第三年考虑退役的事情，但他仍然不确定他可以从事什么新职业。罗宾逊想要训练棒球队，他与米尔顿·格罗斯合写了一篇文章《为什么我不能在大联盟中训练棒球队》，他在文中推翻了关于种族、脾气、经验等的断论。罗宾逊在加拿大的积极经验让他认为那里是他开始教练生涯的好地方，而且奥克兰的太平洋海岸联盟经销权已迁移至温哥华，这是一个可行的选择。罗宾逊想要训练蒙特利尔的道奇顶级青年培训队，但那得得到奥马利和巴瓦西的支持，而罗宾逊并不期望能成功。

出人意料的是，在12月的前两周内，一切都变得有条不紊。杰基获得了有色人种协进会颁发的具有权威性的"斯平加恩勋章"，成为第一位被授予此荣誉的运动员，"表彰他杰出的运动员精神，他在为年轻黑人开辟一片崭新的事业领域中起到的先锋作用，以及他的公民意识"。对罗宾逊而言，在他正考虑变换事业的时候得到这个奖，似乎表示他正在超越体育的界限，事实上，他于那年冬天在有色人种协进会开始扮演更活跃的角色。马丁·斯通安排罗宾逊与总部在曼哈顿的连锁餐馆 Chock Full o'Nuts 的总裁威廉·H. 布莱克见面。布莱克需要一名人事经理来管理一千名雇员（其中大部分是黑人），他对罗宾逊很感兴趣，希望他能担任这个职位。12月10日，罗宾逊见到了布莱克，布莱克向他开出每年5万美元的协议，为期两年，另外有五年的延长期，预期是终身雇佣。罗宾逊一家被安排在12日下午晚些时候与布莱克签订合同。11日，巴瓦西打电话给罗宾逊让他到办公室来一趟，但是罗宾逊直到在12日签完合同之后才去见巴瓦西。事情完成了，罗宾逊准备退役。

当罗宾逊打电话给巴瓦西时，罗宾逊知道他已经被以3.5万美元的价格与讨厌的巨人队投手迪克·利特菲尔德进行了交换，这满足了他在纽约市内进行交换的要求。罗宾逊面临着棘手的情况。他和《观察》杂志有协议，该杂志会在他退休时支付给他5万美元作为独家新闻的报酬。1月8日版将是独家新闻出版的第一期，因此罗宾逊必须花将近一个月的时间参与到这个交换中，避开记者，尽量不说谎也不暴露他的计划。霍勒斯·斯托纳姆给罗宾逊开出合同，并且协议的价格可能高达6万美元，但是罗宾逊已经下定决心。当《观察》的文章出现时，巴瓦西讽刺地说罗宾逊会继续打球的——他可能只是将这份新工作作为讨价还价的手段，以此从巨人队那里获得更多金钱。罗宾逊被巴瓦西的话刺痛了，他重申不再打球的决定，让巴瓦西确信自己本来是正确的。当罗宾逊真的退役时，斯托纳姆有几分惋惜地写道："本来让你为我们的球队效力一两年是很有趣的事。"

虽然巴瓦西没有大度地容许罗宾逊离开，但是几名球员写信高度赞扬了他。费城人队的里奇·阿什伯思称罗宾逊为“我与之对战过的最伟大的球员”。汉克·格林伯格赞扬罗宾逊在球场内外的品行，称他是为比赛增光的人。年轻的黑人投手布鲁克斯·劳伦斯和红人队球员感谢罗宾逊为像他这样的年轻球员开启了一扇大门。另一方面，坎皮抨击罗宾逊是球场上和俱乐部中的捣乱者，而他本应该感激棒球对他如此不薄。

1956年的世界职业棒球大赛不仅记录了杰基·罗宾逊在棒球场上的最后狂欢，也记录了布鲁克林道奇队在季后赛活动中的最后一次露面。奥马利一直在与纽约市的政治权力作斗争，他试图获得在布鲁克林的弗拉特布什和大西洋大道上建立一个棒球公园的权利，从而取代埃贝茨球场，后者虽然迷人但却陈旧，而且不方便停车。纽约市公园委员罗伯特·摩西想在皇后区建棒球公园，他给奥马利造成了阻碍。道奇队的老板逐渐放弃了布鲁克林，从1956年开始的三年内安排在泽西城举行了20场比赛。更重要的是，奥马利正在和洛杉矶市协商，该市的市长诺里斯·波尔森也表示非常乐意能有一番作为。1958年，道奇队有了惊人的举动，他们放弃了布鲁克林，因为未开发的加利福尼亚地区承诺会给他们新的体育场和大批电视观众，与此同时，巨人队迁至旧金山。一个时代终结了，布鲁克林道奇队在杰基·罗宾逊退役后仅存活了一年。

第十章

退役后的生活

杰基·罗宾逊以惊人的速度割断了自己与棒球的联系。他在1957年仅出席了两场大联盟比赛,1958年和1959年一场都未出席。当布鲁克林的很多人在1958年斥责奥马利西迁时,罗宾逊压制住怒火,他明白这个行为背后的政治和经济压力。罗宾逊或许可以为洛杉矶感到高兴,他与那里仍有很多联系。然而,当洛杉矶城市联盟因道奇队为黑人棒球运动员开启大门而授予奥马利荣誉时,罗宾逊对该联盟进行了猛烈抨击。罗宾逊知道这个伟大试验完全是里基的功劳,而奥马利一直是在拖他的后腿。城市联盟被迫澄清,宣布这个奖是授予道奇队的,不是授予奥马利的,而奥马利仅仅是代表球队接受了该奖。道奇队的迁移毁于一场灾难。1958年1月,就在道奇队在洛杉矶开赛的几个月前,罗伊·

坎帕内拉在结冰的公路上开车时，汽车失控撞上一根电话线杆，整个车身翻了过来。尽管他们之间见解不同，但罗宾逊还是深感痛心，他从坎皮虽四肢瘫痪但仍乐观面对人生的态度中受到鼓舞，罗宾逊将他的自传标题概括为《活着真好》。道奇队在1958年以第七名的成绩凄凉收场，但是罗宾逊说他仍然全力支持他们。

1962年，罗宾逊暂时不让自己疏远棒球比赛，这时他已退役五年，有资格参加名人堂的竞选。罗宾逊刚

入选棒球名人堂，纽约库珀斯敦，1962年7月23日：(从左至右)布兰奇·里基、杰基·罗宾逊、蕾切尔·罗宾逊和玛丽·罗宾逊。1962年国家棒球名人堂图书馆。

好达到须有十年职业生涯经历的最低标准，单就统计数据来看，0.311的平均击球率使他当选的胜算并不大，但罗宾逊对棒球比赛的影响力应该能使他稳操胜券。然而，罗宾逊心直口快，他很少在棒球记者中交到朋友，而这些人正是该奖项的投票者，由于他需要得到75%的选票才能入选，所以在第一轮票选中胜出的机会很渺茫。罗宾逊的老对手《纽约日报》的迪克·扬以自己的名义写了一篇强烈支持罗宾逊的专栏文章，当统计结果出来时，罗宾逊获得了77.5%的选票，和鲍勃·费勒一同入选。紧随其后的是一场高度引人注目的感谢宴，由马丁·路德·金在华尔道夫酒店举行，然后罗宾逊前往库珀斯敦参加了颁奖典礼。在玛丽、蕾切尔和布兰奇·里基的陪同下，事情进行得十分顺利——除了一场暴风雨搅乱了洋基队—勇士队在典礼上的表演赛外。没人提到费勒本来要求不与罗宾逊同台这件事，费勒曾在1946年质疑过罗宾逊的能力。罗宾逊在言论中提到他对大联盟棒球中缺乏黑人教练、经理或管理人员一直很失望的话也被巧妙地省略了。取而代之的是，头发花白、动作缓慢而且超重的罗宾逊强调了一个事实——也庆祝了又一个划时代事件，棒球名人堂神圣的大厅实现了种族融合。

棒球运动确实取得了进步。最后三支大联盟球队：费城人队、老虎队和红袜队分别于1957年、1958年和1959年完成了种族融合。在罗宾逊开启了种族融合大门的12年之后，波士顿终于完成了任务，将二垒手“帕普斯”伊莱贾·格林送进了大联盟俱乐部。那年8月，《巴尔的摩美国黑人》指出，全国棒球联盟的球员中有五分之一是黑人，包括十大最佳击球手中的七位以及五大本垒打、跑垒击球和盗垒名将中的四位。在过去的11年中，黑人球员获得了9次“最有价值球员”称号，新球员们将高速进攻再次引入到这项运动中，反映出黑人联盟的有条不紊的进攻。令人惊讶的是，美国联盟的黑人球员数量仅有全国棒球联盟黑人数量的一半，美国联盟主席李·麦克费尔承认他错失了良机——将在未来几年付出代价。更多的种族障碍倒塌了。1961年，吉恩·贝克成了有组织棒球运动中的第一位黑人总教练，他掌管小联盟的巴达维亚海盗队。但是，直到1975年，弗兰克·罗宾逊才打破大联盟的壁垒，他签约领导克利夫兰印第安人队。虽然拉里·多比和莫里·威尔斯在大联盟中有短暂的执教经验，但是进入20世纪80年代后，黑人教练在棒球界仍然很少见。黑人裁判出现的稍微快一点儿，不过仍旧非常少。埃米特·阿什福德在小联盟待了16年后于1966年在美国联盟中初次登场，打破了大联盟中没有黑人裁判的这种无形的禁忌。

罗宾逊的开拓性事例促进了其他体育运动的并行发展。于1946年重建的全国橄榄球联盟很乐意接纳黑人，只有乔治·马歇尔的华盛顿红人队在50年代坚持不接纳黑人。当美国篮球协会在1949年成立时，在其队伍中黑人被迅速接纳。1957年，爱尔西亚·吉布森赢得了温布尔登和森林山网球锦标赛的冠军，这是黑人运动员第一次在这两个比赛中夺冠。1961年，接受了罗宾逊的严苛批评后，职业高尔夫联盟(PGA)也敞开大门，查利·斯福德成为第一个加入巡回赛的黑人。

进步的道路崎岖不平，人力资源成本持续上升。到了20世纪60年代，一些运动员变得更加直言不讳。红雀队的投手鲍勃·吉布森和外场手柯特·弗勒德这类年轻的明星们公开谴责更多细微的种族歧视现象。1968年，在50年代签约的白人球员每5个中就有一个得到两万多美元的额外津贴，但是30个黑人球员中无一人有这样的待遇。黑人球员比白人球员赚得更少，而产品代言（作为一种对平日微薄薪水的不错补贴）几乎总是被白人球员垄断。住房和春训中不间断的种族歧视是持续挫败感的另一个诱因，直到1964年的《民权法案》才最终禁止了这种歧视，它才逐渐消失。

罗宾逊很快适应了退役后的生活。罗宾逊的新老板威廉·布莱克是一个登记过的自由党党员，作为一名政治爱好者，他支持民主党候选人。布莱克给罗宾逊提供了一个在工作时间活跃于政治和民权运动的机会。让罗宾逊这么显眼的黑人成为副总经理候选人是十分具有商业意义的事情，也有助于布莱克实现自己的政治理想。能有一个实质性的工作让罗宾逊感到万分高兴，而且这份工作还给予他如此大的自由，几乎好得令人难以置信。布莱克期待的是一个有进取心、斗志昂扬的雇员，而罗宾逊聪明、善于言辞、亲切而不摆架子。这两个人从一开始就相处融洽。罗宾逊热爱他的工作，但他在工作中遇到了一个难题。罗宾逊在解雇雇员问题上有最终决定权，但就像他的母亲一样，他有点容易上当。罗宾逊吃惊地发现很多雇员都缺乏勤奋的职业道德和道德准则——他们会大胆地当着他的面撒谎，而罗宾逊的天真和理想主义让他很难怀疑他们的诚实。

尽管如此，布莱克还是认为罗宾逊的能力很令人满意。1959年初，罗宾逊的两年合同期满后，布莱克与他的副总经理罗宾逊又续签了五年合同，该合同到1964年初终止，这为罗宾逊的生活提供了最大的收入保障。但是，罗宾逊仍然觉得他要履行更大的使命，这也是布莱克的自由主义管理方式允许他追寻的使命。正如罗比在1957年写给他母亲的信中提到的，“我就是有一种感觉，有一件事我必须要做——但我不知道它是什么。”在20世纪40年代初期，里基给予罗宾逊使命之前，这种使命感一直萦绕在罗宾逊心中，他一直感觉公益事业在召唤他。州长亚伯拉罕·鲁比科夫提出一项选择，委派罗宾逊到康涅狄格州的三人假释委员会，随行的还有耶鲁大学法律教授和该州首席大法官。两年后，罗宾逊辞掉了这份无报酬的工作，他觉得自己无法抽出充足的时间来做这份工作。

这不足为奇，因为罗宾逊的心思和大量时间都用在了民权运动中。1953年，全国有色人种协进会发起了一个十年千万美元的筹募基金活动，其目标是于1963年1月1日也就是林肯的《解放奴隶宣言》百年纪念时结束种族隔离。当罗伊·威尔金斯要求罗比从事这个工作时，罗伊打算把罗比当作名义领袖，但是罗宾逊想要发挥更积极的作用，实际上他也是这么做的。威尔金斯委派富有经验的资金筹集人弗兰克·威廉斯和罗宾逊一起工作并且教给他适当的技巧。罗宾逊和威廉斯成了很好的朋友，同时新人罗宾逊证明了自己的快速学习能力。当地的全国有色人种协进会人士通常会介绍威廉斯，然后威廉斯转而让罗宾逊陈述他们应该支持这个组织的原因，接着威廉斯会利用他的专业语言来筹得资金。罗宾逊起初的宣传语时间是5至10分钟，但不久之后就延长到了半个小时，他结合了一些他的搭档威廉斯的语言，使得威廉斯必须在现场即兴发挥。在匹兹堡，布兰奇·里基介绍了罗宾逊，布兰奇说黑人应该利用除了暴力以外的一切手段以赢得他们的完全自由，他的这番话让罗宾逊大为吃惊。

民权运动不可避免地将罗宾逊卷入到政治中来。罗宾逊表示自己是无党派人士，他可以游走在两大政治阵营之间，尽管他的本能使他更亲近共和党阵营。

1952年，罗宾逊在总统竞选中为民主党人阿德莱·史蒂文森投出一票，但在1956年，他支持候选人艾森豪威尔/尼克松。罗宾逊力图在共和党中发挥黑人的积极作用，以便北方的民主党无法想当然地获得黑人的选票。他很乐意根据候选人或党派对民权的立场，转换支持者。罗宾逊在1952年的共和党大会上见到了尼克松，尼克松对1939年俄勒冈州—加州大学洛杉矶分校比赛的明智分析给他留下了深刻印象，罗比和这位未来的副总统交谈得很愉快。和尼克松一样，罗宾逊强烈反对共产主义（全国有色人种协进会也如此），所以尼克松在该问题上表现出的极端主义并没有使罗宾逊烦恼。

尼克松于1957年在加纳发表演讲时，提倡所有美国人都享有平等的机会，他在民权中扮演的角色与林肯或里基一致，这给罗宾逊留下了深刻印象。罗比的支持信立即得到了尼克松的回复，从那以后这两个人经常定期往来书信。另一方面，艾森豪威尔没有激起人们对他的信任。他谈到赞成机会平等和创造对于种族融合和谐有益的道德风气，但是他的言行不一。然而，在1957年的秋天，艾克派遣了1 000名空降兵，将一万名国民警卫队士兵收归国有，用以强制执行小石城中央高中的种族融合。州长奥瓦尔·福伯斯煽动暴民抵抗试图按照法院命令实施种族融合的六个女孩和三个男孩，艾森豪威尔拒绝容忍对联邦政府的挑战。这次斗争，加上尼克松许诺会设法颁布更强有力的法案，说这比由持反对态度的国会通过的缓和的 1957 年《民权法案》更有效，让罗宾逊觉得共和党看起来相当团结。罗比在 10 月 17 日参加了与小石城全国有色人种协进会领导人以及九名学生中的七人的电话会谈，他表明自己殷切希望加入到民权改革运动的最前线。同时，棒球再次走到了前沿。当军队试图取消小石城的种族隔离时，该城的著名名人堂接球手比尔·迪基正在教导一名门徒——洋基队年轻的黑人接球手埃尔斯顿·霍华德如何在该位置上表现得更出色。

罗宾逊想要采取行动。但是反对派威胁要破坏民权运动的团结一致。1957 年，马丁·路德·金领导的南方基督教领袖协会（SCLC）开始挑战全国有色人种协进会的领导地位。威尔金斯和全国有色人种协进会（NAACP）采取了更加保守的方式，试图在法律系统内部起作用，从而带来改变。金和南方基督教领袖协会支持非暴力、直接行动。这两个组织不仅在战略上存在差异，而且还为废除种族隔离的资金筹集而竞争。罗宾逊自己致力于权利斗争，不属于任何一个组织，但他发现他更喜欢南方基督教领袖协会。金的非暴力对抗与罗宾逊在有组织棒球中前三年的表现相符，罗比尤其被金的观点中的非暴力策略所吸引。他们两个人都认为这种策略是对白人的羞辱，让他们清醒地认识到不公正，使他们支持取消种族隔离。对罗宾逊而言，全国有色人种协进会变得太过保守，甚至自满，太多“获得成功”的黑人都没有给予这个团体帮助。一旦他们受过教育并接受了中产阶级的思想，他们就不想再回到原来的地方——似乎教育打败了种族，这成了太多黑人的主要分界点。

罗宾逊在棒球以外的影响力在 20 世纪 50 年代晚期达到了巅峰。1959 年 4 月，罗宾逊在全国最具影响力的自由派日报《纽约邮报》上开设了专栏。他的每周三次的专栏由年轻的剧作家威廉·布兰奇代笔，出版在体育版上，但是他的话题范围宽泛，包括种族主义和民权的讨论。当该专栏被其他报刊转载时，罗宾逊成了第一个在多家报刊同时发表专栏的黑人。专栏给他提供了一个和那些手握权力并影响政治的人物直接对话的论坛。这位有节制的人物也和他的赞助人莱茵戈德·比尔在周日晚上 WRCA 广播电台的“杰基·罗宾逊脱口秀”中进行采访,讨论黑人在吸引商业支持中遇到的困难。

1960 年 2 月,格林斯伯勒的北卡罗来纳农工州立大学的四名学生证明了民权运动具有强大的基层发展潜力。这四名勇敢的学生发起了静坐抗议,因为在沃尔沃斯午餐柜台的工作人员拒绝为他们提供服务,他们占领了午餐柜台的座位,也阻止店员为白人顾客服务,坚忍地承受着白人种族隔离者的嘲弄。最后,这四名学生被逮捕了,但是更多的抗议者接替了他们的位置。抗议者们设法将他们的一位战友从监狱送到了纽约,这位战友在纽约向杰基·罗宾逊寻求帮助。因为被他的故事所感动,罗宾逊和朋友们在几天内筹集了两万美元,给监禁的示威者和步他们后尘的其他人送去了一些糖果、书籍和雪茄。非暴力直接行动最终迫使沃尔沃斯和其他全国连锁店取消了他们午餐柜台的种族隔离制度,而一些民权组织也因这次运动而产生。

那一年,罗宾逊比以往更多地参与到了政治活动中。在比尔·布莱克的支持下，罗宾逊得到带薪假期，他为威斯康星州民主党候选人初选会的民权积极分子休伯特·汉弗莱工作。但是，当约翰·肯尼迪先后在威斯康星州和西弗吉尼亚州获胜时，他最终赢得了民主党投票的胜利。同时，尼克松正朝着共和党候选人的胜利目标迈进。肯尼迪和尼克松都在寻求罗宾逊的认可和支持。肯尼迪私下会见了罗宾逊，他不仅没给罗宾逊留下深刻印象，反而使他产生了厌烦，一部分原因是肯尼迪和罗宾逊没有眼神接触，而且肯尼迪尽管在参议院待了八年，却对民权问题一无所知。当肯尼迪选择得克萨斯人林登·约翰逊（该人仍被普遍视为种族隔离者）作为他的竞选伙伴以及可能的民权问题导师时，罗宾逊的心意已决。罗宾逊逐渐意识到尼克松是一个为了当选而竭尽所能的政治操手，他很快就成功地将罗宾逊拉到了他的阵营。这将是一个重大的决定。

这两位候选人开始拼命厮杀，包括历史上第一次在电视上进行辩论。但是竞选很可能涉及民权问题，而罗宾逊发现自己站错了队。10 月，一位怀有敌意的佐治亚法官因马丁·路德·金在静坐抗议中所起的作用而判他入狱四个月并加入筑路劳改队。罗宾逊不顾一切地试图说服尼克松打电话给金，并尽力帮助他；尼克松认为这是哗众取宠，便拒绝了。在某种程度上，尼克松在争取南方白人的选票，这是他在 1968 年提出微妙的种族主义“南方战略”的前奏。肯尼迪的天性更善良，他怜悯地打电话给怀孕的科雷塔·金，他的兄弟罗伯特设法让法官释放了这名民权领导人。之前一直不明确的黑人选票，在金的父亲对民主党的支持下，果断地倒向了肯尼迪这边。南方黑人没有像北方黑人一样自动投票给民主党阵营——他们记得林肯，并将民主党所在的南方看作彻底的种族隔离主义之地。金的父亲在 1956 年将票投给了共和党，但是肯尼迪改变了他，也改变了竞选局势。肯尼迪以黑人票数的明显优势最终赢得了至少三个州的胜利，这足以使他赢得总统选举团的支持并夺得总统职位。罗宾逊感到很受伤，他认真考虑放弃尼克松，但他还是留了下来，部分原因是出于倔强，另一部分原因是因为他想确保共和党中有黑人的存在。

十年之后再回首，罗宾逊得出结论：他坚持选择尼克松是一个错误。蕾切尔与大多数其他黑人一道支持肯尼迪。在大选日那天，这位自由主义者明显厌倦了罗宾逊的保守观点，他解雇了罗宾逊。而 Chock Full o'Nuts 公司的情况也开始恶化。虽然布莱克支持罗宾逊在公司工作期间为休伯特工作，但当罗宾逊为尼克松工作时，却是没有薪酬的；布莱克和罗宾逊之间的关系在竞选之后再也不如从前。

罗宾逊很快将他的政治忠诚转向了另一位共和党人：纽约州州长纳尔逊·洛克菲勒。这位州长风趣、大方，而且他似乎真诚地支持民权，当罗宾逊批评他的管理部门中缺乏黑人官员时，洛基听取了他的意见并根据其意见迅速采取行动。当这位州长告诉罗宾逊他也曾试图在 1960 年运动的紧要关头让尼克松给金打电话时，罗比知道自己找到了一位志趣相投的朋友。但是，罗宾逊为跨越种族和党派间的鸿沟而作出的不切实际的努力在 1962 年纽约州检察官的竞选中明显失败了。罗宾逊支持共和党人路易斯·莱夫科维茨，因为后者有丰富的履历并且支持民权运动。民主党黑人爱德华·达德利也参与了竞选，黑人团体都团结在他的周围。对于罗宾逊而言，莱夫科维茨的履历胜过了种族，但对于大多数黑人而言，恰恰相反。达德利轻松获胜。罗宾逊将自己的政治命运与少数党的少数翼联系在一起，用大卫·福克纳的话说，罗宾逊“在涨潮时离开了浅滩”。

然而，罗宾逊继续积极地争取民权，即使他要努力跨越全国有色人种协进会和南方基督教领袖协会之间不断加深的鸿沟。对罗宾逊而言，民权事业是根本，只要他把握了正确的方向，他就不担心全国有色人种协进会或南方基督教领袖协会、共和党或民主党是否得到了人民的信任。其他人就没有这么宽宏大量了，罗宾逊与共和党及全国有色人种协进会的联系越正式，他对双方的观点分歧就越保守，一些黑人开始在街上称罗宾逊为“汤姆叔叔”(指逆来顺受的美国人)。

但是，罗宾逊的行动主义与这个特点不相符。当佐治亚州奥尔巴尼的三座黑人教堂被烧毁时，罗宾逊带头筹款，使教堂在三年内得以重建。赞赏罗宾逊的怀亚特·T. 沃克(金的行政助理)回顾了罗宾逊影响力的上升，他声称“杰基·罗宾逊进入大联盟为种族关系作出的贡献比所谓的基督结合力量的全部贡献还要大”。那年秋天，空军老兵詹姆斯·梅雷迪斯试图在密西西比大学报名，这引发了一场暴动，导致两人死亡，一百多人受伤。肯尼迪命令三千名士兵去现场恢复秩序，呼吁他们对群众加以控制，平息紧张局势。同时，罗宾逊在伯明翰的南方基督教领袖协会全国代表大会上发表了一次激动人心的演说，他设法继续与民权事业中的所有团体合作。

罗宾逊的健康在1962年间出现恶化，他似乎不能再为全国有色人种协进会进行进一步的筹资巡讲了，但他在纽约继续采取一些积极行动以作为补偿。在罗宾逊的专栏里，他抨击了被众议院驱逐的国会议员亚当·克莱顿·鲍威尔（纽约的黑人部长），质疑他的法律和道德表现。鲍威尔予以回击，他批评民权组织不为他辩护，还允许白人在他们的组织里扮演实质性的领导角色。尤其当鲍威尔表达了他对马尔科姆·X和伊斯兰民族组织的种族隔离极端主义的赞同时，罗宾逊认为这些观点难以置信。在罗宾逊耗尽他生命中的大部分时间为种族融合而斗争并为促进这项事业而作出巨大努力之后，他谴责黑人极端主义者接受了种族隔离主义者的想法，而当白人表达出这些想法时，他们却进行咒骂。罗宾逊也谴责白人媒体给予如伊斯兰民族组织这样的极端组织过大的关注，引用迈克·华莱士在电视特别节目上的话，这是“冤冤相报”。罗宾逊甚至推断，白人种族隔离主义者组织可能会资助黑人穆斯林并支持关于他们的宣传，以便分裂种族。

1963年的春天，在金与伯明翰民间领袖协商准备结束种族隔离的重大问题之后，有人炸掉了金的代表团下榻的加斯顿汽车旅馆。罗宾逊和前任重量级拳击冠军弗洛伊德·帕特森迅速乘飞机飞往亚拉巴马，在那里，罗比在一个人山人海的教堂里发表了强有力、鼓舞人心的演说，呼吁人们继续前进，因为金已经使种族融合的讨论成了可能。运动中的分歧很快浮出水面。罗宾逊谴责肯尼迪总统没有派部队保护金。但是，马尔科姆·X责难金在5月1日动员国家支持种族融合的示威活动中利用了儿童。当时的情况是，电视台的工作人员偶然发现公共安全理事布尔·康纳的人对儿童使用消防水龙头和警犬。金的非暴力抵抗策略即使达到了利用儿童的程度，但它有效地利用了电视的戏剧性潜能，形象化地展示了极端种族隔离者的无情表现。

罗宾逊在1960年反对约翰·肯尼迪，在某种程度上是因为这位候选人似乎不“明白”种族问题。虽然罗宾逊钦佩罗伯特·肯尼迪的激情和热情，但这位总统似乎太过讽刺和冷漠，根本没有意识到黑人要求自由的道德需要。但在1963年6月12日，肯尼迪发表了一次充满激情的临时即兴电视演讲，他许诺全心全意为黑人争取民权。“我们将会对世界说——更重要的是，对彼此说——除去黑人，这是一片自由的土地；除去黑人，我们没有二等公民；除去黑人，我们没有等级或阶级制度，没有犹太社区，没有优等民族吗？因此，作为一个国家和一个民族，我们面临着道德危机。一个巨大的改变即将到来，而我们的任务、我们的义务是使这场变革、这个改变变得和平且具有建设性。”这次演讲强烈地感染了罗宾逊——结果是明确感人的号召，总统及其政府将支持种族融合的斗争，他在其中起到了显著作用。终于，戏剧性的进步似乎即将来临。但就在当晚，民权积极分子梅德加·埃弗斯在他位于密西西比州杰克逊郡的家门外被枪杀了。即使总统已经看见曙光，但他仍面临着一场艰苦斗争，他要说服国会和南方人民接受民权。同时，6月底，罗宾逊夫妇在他们家举办了第一次“午后爵士乐”宴会，这个活动后来成为每年一度的筹资活动。500人为聆听顶级爵士乐艺术家的演出而捐献出了 1.5 万美元，而且不顾一切地捐出将民权支持者从南方监狱保释出来所需要的资金。

进步继续遵循“前进两步，后退一步”的模式。8 月，包括罗宾逊夫妇和他们的三个孩子在内的 25 万群众突袭华盛顿，这是运动中最著名的一次示威游行。对暴力的恐惧是毫无理由的，金的著名演讲“我有一个梦想”使他达到了演讲的巅峰，让这个国家为之着迷，也鼓舞了罗宾逊一家。蕾切尔觉得种族融合近在咫尺。但是，还不到三周的时间，伯明翰的第十六街浸信会教堂发生了爆炸，主日学校的四名年轻黑人女孩丧生，20 人受伤。正如金、罗宾逊和肯尼迪所见，现在的危险是，以暴制暴，永无止境。深思熟虑的领导人不得不设法诉诸无法宽恕极端主义的民众，以便取得胜利。

虽然在退役后骚乱的几年里，家是罗宾逊的避难所，但事情却远没有那么顺利。在很多方面，罗宾逊最大的挑战来自蕾切尔。1958 年的秋天，令罗宾逊沮丧的是，蕾切尔进入了纽约大学，全部时间用来攻读精神病护理学的硕士学位。虽然蕾切尔认为她赚钱贴补家用固然很好，她也承认罗宾逊不稳定的健康状况使她独自维持家庭的能力成了一个重要的安全网。但是，除了这些考虑之外，蕾切尔的价值感源自她的童年，从那时起她就为别人工作和服务，尤其是她生病的父亲。所以，蕾切尔在36岁时跑去参加了研究生入学考试，然后带着些许恐惧入学了。最终证明，除了统计课程之外，她的成绩都很优秀，她也赢得了年轻同学们的尊敬。1961年5月，蕾切尔完成了硕士学位。

为了帮助家里摆脱困难，在罗宾逊的催促下，泽莱·伊萨姆搬到东部来帮助她的女儿和这个家。罗宾逊一家给她提供了汽车，使她方便接送孩子和自己使用；泽莱·伊萨姆在周末搬进了布鲁克林，在那里她交到了很多朋友；她积极参与黑人教堂礼拜。但是，罗宾逊觉得蕾切尔违背了他们的婚前协议——她会留在家。罗宾逊记得他的母亲十分努力地工作了许多年，他觉得他应该能供养他的妻子和家人，而不需要他的妻子出去工作。在很多方面，罗宾逊都很传统，坚持着保守观念，认为女人就应该待在家里。蕾切尔比她同时代的人进步，在贝蒂·弗里丹的《女性的奥秘》出现并使这种异说显得合理的两年之前，蕾切尔就开始追求职业生涯中的自我实现了。

蕾切尔一毕业就立即在星期日医院(一家治疗急性精神病患者的医院)找到了一份工作,她很快成了附属的艾伯特爱因斯坦医学院的精神病护理主任。教学吸引了蕾切尔,1965 年,她开始在耶鲁大学护理学院教学,并在康涅狄格州精神卫生中心任指导护士。她在工作中取得了成功。同时,罗宾逊的内心充满了矛盾。他想看到蕾开心,但蕾切尔不在他身边,他觉得"几乎就像没有妻子一样",即使蕾切尔每天都在去工作前做好早餐,然后为孩子们做好去上学的准备。罗宾逊怨恨蕾切尔的职业(以及她的蕾切尔·罗宾逊而不是杰基·罗宾逊太太的身份),但是他很不情愿地承认蕾切尔有实现她自己价值的权利,并作出了必要的妥协。

除此之外,树木茂盛的康涅狄格州的生活多半是美好的。他们的邻居都是白人,虽然这给孩子们带来了一些压力,但罗宾逊夫妇似乎认为成为种族融合先锋是很值得的。很有家庭观念的罗宾逊享受着他的新喜好——打高尔夫球,但他也参加了在门前草坪上举行的街坊垒球比赛,在池塘里钓鱼,玩玩橄榄球。罗宾逊一家加入了全白人的北斯坦福德公理教会教堂。虽然蕾切尔有时后悔没有像泽莱一样加入黑人教堂，她觉得加入转角处的教堂是“正确的事”。由于去教堂已经不再因为棒球而成为一件间断做的事情，他们从定期参加教堂活动中得到了些许安慰。

罗宾逊的健康问题一直困扰着他。糖尿病源于身体产生的胰岛素不足，胰岛素控制着血液中糖的含量及脂肪和蛋白质的新陈代谢。罗宾逊只得学习自己注射胰岛素，他把注射胰岛素变成一个习惯并坚持下去。糖尿病一般会引发动脉硬化以及中风、心脏病和失明等这些很危险的疾病。即使有胰岛素，在1960年糖尿病病人的预期寿命也仅有健康人预期寿命的三分之二。

然而，尽管糖尿病可以稍加控制，但在1963年1月，罗宾逊差点死于另一个医疗问题。罗宾逊的膝盖关节炎和破裂软骨迫使他停止打网球，他接受了外科手术，从脚踝到大腿都打上了石膏。罗宾逊的膝盖出现了葡萄球菌感染，引起剧烈疼痛及血液中毒，他在医院待了两周。他时而昏迷时而清醒，差点死掉，但他最终渡过了难关。罗宾逊得出结论，上帝还有更多事让他去做。

就在罗宾逊出院回家的那天，16 岁的小杰基和一个朋友跑去了加利福尼亚州，他们错误地认为在这个季节他们可以得到摘水果的工作。终于，两周之后，身无分文的他们给家里打来电话，准备回家。小杰基的妹妹莎伦记得，小杰基比她和弟弟戴维“更独立、骄纵和缺乏自信”。小杰基没有显示出较强的求胜欲，也没有利用他出色的运动天赋，这让他的父亲陷入无尽的沮丧。虽然小杰基在其他孩子面前很自信，但他在罗宾逊面前却感到极度的自卑和不被认同。在顾问的建议下，这家人将这个男孩送到了马萨诸塞州伯克郡的斯托克布里奇学校。小杰基逃跑时，他已因违反校规而被斯托克布里奇开除，他回到公立学校，罗宾逊夫妇全力帮助他们的儿子适应生活。顾问建议他们不要强迫小杰基上学，但要让他自己决定，而小杰基似乎对稍微支配他人生的人都有强烈的排斥感。但是，在逃跑事件之后的几年里，这对父子的关系一直都很疏远，蕾切尔成了小杰基的成人导师。

罗宾逊后来难过地回忆道，他花费了如此多的时间在基督教青年会和其他地方帮助其他人的孩子，却没有花足够的时间陪伴自己的儿子。在家里，罗宾逊从不对孩子们大吼大叫或拳脚相加。虽然他对拥抱和亲吻感到不自在，但他还是给人以充满深情的印象。罗宾逊和蕾切尔认为孩子能通过观察牢固的父母角色模式（像他们一样）完全适应环境并正常成长，并不需要给他们上行为课。回顾过去，蕾切尔质疑了这种观点，她猜想，如果鼓励孩子分享他们的感受和想法而不是将它们藏在心底，孩子们应该会做得更好。看到一位精神病护士和一位青年工作者在抚养他们自己孩子的问题上是如此艰难，这是一件发人深省的事情，这或许再次验证了圣经中的格言——先知在自己的国家是不受尊敬的。

第十一章

土崩瓦解

1963年末，杰基·罗宾逊的家庭生活开始朝着不好的方向发展。一系列的事件改变着世界的方方面面，也将原来的先驱者变成了守旧派人士。1963年11月肯尼迪总统被刺杀以后，这个国家进入了60年代广为人知的改革动乱期。罗宾逊所坚持的道德基础、理性主义、和平主义和传统主义都受到了挑战，他毕生所坚持并奉行的信仰，在面对这些新的思考和行为方式时，快要接近崩溃，他自己也恐惧万分。

1963年11月22日，约翰·肯尼迪被刺杀时，李·哈维·奥斯瓦尔德预言政治立场的差别可以通过说理和妥协来修复，1964年共和党全国大会强调了突显的政治分歧。贝蒂·弗里丹的著作《女性的奥秘》挑战了50年代的传统观点——女人最合适的工作是在家相夫教子，这使得中产阶级的女性们敢于追求她们自己的事业，并且不再感到内疚，因此蕾切尔也不顾丈夫的反对，在外面干起了事业。战后第一波婴儿潮时代到来了，这批小孩在1964年进入了大学，他们也开始挑战上一代人恪守的真理。民权立法失败了，种族隔离问题无法得到解决，导致北方城市在1965年发生了骚乱，洛杉矶在8月发生了瓦茨暴乱，这也标志着黑人领袖们从非暴力的内阁基地来到街头开展暴力和破坏活动。肯尼迪领导下的和苏联关系的缓和被美国在1965年中期积极发动越南战争所取代，并逐渐引导美国人民在更错误的道路上前进，两极化的政治也影响了外交政策，结束了冷战时期达成的共识。当在越南"最好的和最光明的事情"陷入难以自拔的泥沼时，理性主义受到了冲击；年轻人开始寻求更加神秘的方式来实现人生的意义，这包括非主流宗教和毒品。而在1946年和1947年站在时代前沿的罗宾逊，如今和他的许多同龄人一样，被人嘲笑为顽固守旧派而一度陷入迷茫。

受肯尼迪死讯的影响，罗宾逊的信仰体系也受到了冲击，而且他的个人收入也变得不稳定。肯尼迪被枪杀时，罗宾逊正在纽约的赛马场上，当时的通讯员在每日新闻中播报了这则消息。尽管在过去七年中比尔·布莱克对罗宾逊的擅离职守表现出极大的容忍，但那只限于他去参加民权和政治活动，而赛马却不能成为他出去的正当理由。在确认这件事之后，首席执行官要求罗宾逊辞职。双方都希望分道扬镳。这位副经理感觉自己在chock full o'nuts公司的职位形同虚设而经常长吁短叹。罗宾逊的辞职信写于1964年1月27日，一个月之后生效，在信中他表达了对自己离开的遗憾之情、对这份工作的感激之情以及仍旧存在的诚恳。但是他还是离开了，而且也没有马上找到新工作。

发生这件事之后，想办法挣钱成了罗宾逊的头等大事。蕾切尔8 000美元薪水突然成了这个家庭的主要收入，而之前这是微不足道的。罗宾逊在他的辞职信里还表达了进军商业和政治领域的想法。然而罗宾逊之后在商业的表现却显示出他缺少专业训练和技能的短板，这也令他很难获得成功。1963年他和弗洛伊德·帕特森合作在黑人和白人混居区投资建造低档住宅，尽管建起了一些房子，但是公司最后还是破产了。之后，他又计划在波多黎各和牙买加建造房屋，但是由于政治和经济的原因，这次努力又失败了。1964 年 11 月他获得了直布罗陀人寿保险公司的特许执照后，开始雄心勃勃地筹建一个黑人控股的保险公司。这个公司在 1965 年 6 月未能达成其股票销售目标，12 月也同样如此，于是罗宾逊和他的合伙人在 1966 年 6 月将这个公司卖给了汉密尔顿人寿保险公司，后者在菲利浦·戈德堡的管理下生意如日中天。罗宾逊随后担任了这个合伙公司的联合主席，拥有股票选择权和任命三位董事会成员的权利。表象总是喜欢骗人。在罗宾逊将自家的 2.5 万美元投入进去之后，这个公司破产了；证券交易委员会在 1968 年 2 月 2 日终止了这个公司的股票交易，罗宾逊这次又血本无归。

他还是在几个方面恢复了与棒球的联系。1960 年他出版了自传《待明年》，这本自传由卡尔·罗文撰写。1964 年他又出版了一本适合青少年阅读的书《进军大联盟》。更为重要的是，这一年他还出版了《棒球做到了》，这是一本广受好评的值得一读的自传体随笔，主要是描写小联盟和大联盟中黑人和白人运动员有关种族隔离的经历和体会。1965 年 3 月，美国广播公司聘请他为本周的 27 场棒球比赛进行评说。尽管罗宾逊很少出席这些比赛，但是蕾切尔透露说他经常在家观看这些比赛，并且滔滔不绝地对运动员、现场的教练和裁判进行评说。1965年这个爱好为他带来了1.35万美元。但是，在那一年的12月，布兰奇·里基去世了，享年84岁。令罗宾逊失望的是，除他以外，只有两位黑人运动员参加了在圣路易斯举行的里基的葬礼，而实际上是里基让那些黑人球员有机会进入大联盟打球的。罗宾逊对他进行了深切哀悼，因为这位黑人先驱未见过自己的父亲，但里基却像父亲一样照顾他。罗宾逊则知恩图报，也像儿子一样尊敬这位老资格的管理者，里基的儿子叫做小布兰奇·里基，因为患了糖尿病，于1960年去世，世事无常，这种糖尿病后来也夺走了罗宾逊的生命。

这段时期内，罗宾逊最富成效的商业行为是成为哈勒姆区自由国家银行的无薪酬董事会主席，这个银行是由黑人新创建的。创始者对这家银行设定的营运目标是，不仅吸纳黑人存款，还向被白人银行拒之门外的黑人企业提供贷款。在管理上激烈的争议妨碍了这家银行的发展，也使1964年12月银行开业之后面临着诸多挑战，但是自由银行还是连续几年成了美国最大的黑人所有的银行。蕾切尔也是这家银行的董事，然而，后来公司陷入了管理困境，为保险起见，货币监理署在1990年关闭了这家银行。

商业只是罗宾逊改变美国黑人处境的诸多方式中的一种。政治和民权斗争也为他实现这一理想提供了机会。肯尼迪的去世令罗宾逊震撼，因为当这位年轻的总统宣布投身于民权时，他开始敬仰他了。罗宾逊对这位新总统依然有很多保留；林登·约翰逊长期实行的分裂主义政策未能阻止他投身于这项事业。但是共和党人似乎很害怕，例如亚利桑那州的议员巴里·戈德华特，开始从狂热分子中挑选支持者。1963年8月罗宾逊为《星期六晚邮报》写了一篇文章，题为“共和党：只为白人服务?”。他针对美国政治的两种有害趋势作了一个对比：黑人穆斯林的黑人分离主义观点和戈德华特以及他的狂热支持者，包括约翰·伯奇协会和三K党的白人隔离主义观点。罗宾逊发现了悄然兴起的共和党人的南方政策，并害怕这种趋势最终取得胜利。当他在1964年2月底离开Chock Full o'Nuts时，罗宾逊自愿为自由派共和党州长纳尔逊·洛克菲勒工作。洛克菲勒任命他为以竞选共和党总统候选人为目标的六个国家副主任之一。

罗宾逊和洛克菲勒趣味相投。这位州长继承了祖上一笔很大的财富,很仰慕罗宾逊能够通过自身的努力取得如此大的成就;这位前棒球运动员很感激洛克菲勒能够平等相待,并鼓励他直言献策,而大多数副手一般是不愿意做这些事的。这两个人有三个共同目标:为洛克菲勒赢得共和党的提名,在总统大选中胜出和在共和党内建立一个黑人团队。用棒球的行话说,他们希望打出零比三的成绩。罗宾逊开始为洛克菲勒赢得总统预选而在全国范围内四处奔走,并且抓住每个机会攻击戈德华特,宣称这个领头羊是个心胸狭隘的人,建议民主党员更换党派登记,这样他们就能够在预选中投票反对这个参议员(戈德华特)。戈德华特在纽约与杰基见了一面,杰基惊讶地发现原来"这个家伙不坏"。但是谈到政治立场时,尤其是在春季关于民权法案的国会斗争上,两人又出现了巨大分歧。当奉行隔离主义政策的亚拉巴马州州长乔治·华莱士获得了威斯康辛民主党预选25%的选票时,罗宾逊被其中蕴藏的政治含义震惊了:极端主义者在两个党内都占据了大多数。真理的声音——罗宾逊称之为"拯救美国人灵魂的斗争”——似乎已经被湮没了。不幸的是，1963年洛克菲勒却马前失足，与自己结婚30年的结发妻子离婚，而娶了一位更年轻的女人。在那个特定的历史时期，离婚无异于政治自杀。

5月的投票让事情变得更加清晰了，并且预示着这些问题在以后的几十年里会变本加厉地折磨共和党温和派人士。在一次预选中，洛克菲勒和戈德华特不分伯仲，但是在共和党内，洛克菲勒却只有9%的支持率。为了赢得提名，需要一位共和党人去做党内保守派阵营的工作，这使温和派人士更难对付自由派候选人，但是为了赢得选举，候选人需要吸引温和派人士的支持，这意味着最有希望的共和党候选人将在预选中被淘汰。由于担心事态会恶化，罗宾逊和他的家人在7月份驱车穿越整个美国去参加旧金山的党内会议。去大提顿山拜访了洛克菲勒的家人后，参观了大峡谷，这成为这次旅行的亮点。但是，这次会议对罗宾逊、洛克菲勒和温和派人士来说无疑是场灾难。

7月2日，约翰逊总统在参议员休伯特·汉弗莱的协助下，克服来自南方参议员和巴里·戈德华特的强烈反对声，签署了具有历史性意义的《1964年民权法案》。从此，在公共场所、酒店和饭店歧视黑人的行为均被视作违法；一些历史学家则将合法的种族隔离称之为20世纪最重要的立法行为。11天后，出于对联邦政府干预地方事务的愤怒，共和党内召开了一次会议。会上戈德华特煽风点火，声称"追求自由的极端主义没有错"，这为之后风云变幻的几年中，美国国内的左派和右派分子所显露的极端主义言辞和行为定下了基调。洛克菲勒在会议上的发言，断断续续地坚持到当地时间的午夜之后，许多东海岸重要的观众都失去了耐心，这次会议也让罗宾逊灰心丧气。沙哑的嘘声和起哄声让人们无法听清这位纽约州州长（洛克菲勒）的演讲，对方无礼的表现令罗宾逊备受干扰，他甚至与一位愤怒的亚拉巴马代表动了拳头。因为这次会议管理得很严格，罗宾逊认为戈德华特是最应该受到指责的，他连自己党内的反对声音都听不进去，失败在所难免。罗宾逊沉吟道，林肯的政党怎么沦落到戈德华特这个水平了呢？

在普选中，罗宾逊将票投给了民主党。罗宾逊与洛克菲勒不同，后者首先效忠于他的政党，因此他在10月份开始温和地转变为支持戈德华特，而罗宾逊首先效忠于他的种族，而且会想尽一切办法来帮助他的种族发展。尽管林登·约翰逊颁布了《民权法案》，但是罗宾逊对他仍存有疑问，约翰逊以休伯特·汉弗莱为副总统作为他的竞选伙伴，罗宾逊对总统选举结果就心知肚明了。当戈德华特建议开个会消除他们之间的分歧时，罗宾逊断然拒绝了他。他们之间没有任何共同立场。戈德华特怎么能反对《民权法案》呢？他怎么能对伤害民权运动者的犯罪行为视若无睹呢？他和约翰·伯奇协会有什么关联？他为什么容许他的支持者如此咒骂洛克菲勒？相反，罗宾逊成了约翰逊委员会的共和党人主席。尽管罗宾逊对这个得克萨斯人（约翰逊）心存疑虑，但是最后他还是被约翰逊的以赛亚似的引用说服了，“来让我们一起辩论吧！”这与共和党人沉闷的反对声形成了鲜明对比。

11月份林登·约翰逊压倒性的胜利让罗宾逊很高兴，但是也有些事让他很沮丧。尤其让他不满意的是，罗伯特·肯尼迪从马塞诸萨州出发，并在纽约参议员竞选中打败了现任的自由共和党人肯尼思·基廷。罗宾逊依然希望有自由共和党人能在种族问题上和他站在一条战线。在1965年中期，他曾警告过总统：种族隔离行为在复苏，他也曾呼吁赋予黑人选举权，但总统回复他“我们还需要忍耐”。罗宾逊断定南方种族歧视者看到了曙光，包括约翰逊，尽管他错误地批评了静坐抗议者。哈里·杜鲁门对种族问题持有更真诚和强硬的态度，并压倒了北方自由主义者的观点，这批自由主义者很少接触黑人。可能因为南方白人和黑人的生活交织在一起，相比北方人，他们似乎更愿意往种族和谐方向努力，进步也更快，而北方的白人和黑人接触很少，并且相互不理解。罗宾逊非常信任约翰逊，后者最后也没辜负他的信任，在 1965 年 8 月，约翰逊促成国会通过了历史上著名的《1965 年选举权法案》。在联邦政府的介入下，保证黑人能够登记和投票，南方的变革快速地进行着。罗宾逊“选票加美元”的批评性言论中有一半得到了立法的印证。

1966 年 2 月，洛克菲勒留意到纽约的民主党人拥有 100 万登记选民，他需要黑人来帮助他赢得改选，于是成立了一个由黑人顾问组成的参谋团，以此争取黑人的支持。在这些“特别助理”中，包括怀亚特·T. 沃克、阿尔·达科特、亚瑟·洛根博士和罗宾逊。罗宾逊向洛克菲勒抱怨自己没有工作之后，他就被雇来管理团体事务了。罗宾逊很高兴自己做了一份“可以赚钱的真正的工作”。早上他是第一个进办公室的，晚上是最后一个离开的，他为洛克菲勒竞选，并经常在公开场合替代他发言，自己撰稿和发表演讲。他和白人之间形成了一种特别的默契，后者视他为前道奇队明星。尽管洛克菲勒的办公室主任艾伦·马歇尔将罗宾逊看作是一个“勤奋工作者”，而不是一个原创型思想家，但却非常敬佩他对民权事业所作的贡献、优秀的工作态度和当他认为洛克菲勒误入歧途时敢于顶撞州长的勇气。街道上黑人中的激进分子指责罗宾逊是洛克菲勒的“家用黑人”，这个词在南北战争以前指受主人喜欢的奴隶。更有甚者，称他为来自另一个时代的遗留物，与新的黑人分离主义者再没有任何关联。但是1966年的这次竞选成了罗宾逊“一生中最有价值的经历”。洛克菲勒以40万得票数赢得了连任，这要比1962的得票数略低，但其中包含了更多黑人的选票。其他地方的结果比较混杂。罗纳德·里根赢得了加利福尼亚州的州长选举，从此他踏上了分离主义的政治生涯，这使罗宾逊深感不安。但是自由派共和党人约翰·V.林赛通过一场颠覆性的胜利获得了纽约市长的职位。爱德华·布鲁克在获得马赛诸萨州的胜利后成了美国自重建之时起的第一位黑人参议员。极端主义者还没有完全打败温和派。

但是在罗宾逊看来，分离派的力量似乎变得越来越强大。年轻黑人的痛苦日益增长，而且由白人和黑人中的极端主义者引起的全国范围内蔓延的“仇恨的氛围”，使黑人对白人以及黑人之间的犯罪行为越来越多，并形成恶性循环，这都令罗宾逊感到震惊。对罗宾逊来说，他由母亲在基督徒的环境里抚养长大，认为种族自豪感应该来源于强烈的道德感，而且自豪是在教堂里孕育的。令他失望的是，白人和黑人似乎一心想要搞破坏而不是进行沟通——或许人更容易向自己的黑暗面妥协。

1965 年 8 月，一位白人警察与一位黑人发生冲突，这使得沉积了数年的挫败感突然爆发，然后瓦茨的洛杉矶区爆发了自我毁灭式的暴乱，并持续数日。暴乱结束后，共有 34 人死亡，超过 1 000 人受伤，4 000 人被捕，近 1 000 家店铺被摧毁或严重破坏。芝加哥和费城随之也爆发了暴乱，一种新趋势初露端倪。种族关系问题不再只是南方的专利，北方人也开始屈尊着手改善了，似乎北方城市的种族问题与众不同，他们在发挥自己的聪明才智之前，必须让自己家里井然有序。1964 年的民调显示只有 34%的美国人认为黑人在追求平等上面操之过急，但是到了 1966 年，这个数字猛升到 85%。国会民权立法停止了，尤其是约翰逊推动的一项禁止在住房上歧视黑人的法案，美国白人则害怕看到“黑人权利”这个有歧义的新词。1965 年亚当·克莱顿·鲍威尔在位于华盛顿的霍华德大学的开业典礼上创造了这个名词。全国学生统一行动委员会的斯托克利·卡迈克尔捕捉到了这个词并且进行推理演绎，激进分子布莱克·潘瑟将这个词移入到黑人权利的暴力信仰中。罗宾逊试图带入一些理性的声音，他说：“如果我们能正确地运用我们手中的选票和美元，我们就是在行使黑人权利。”但是，这个词作为黑人自豪和反抗的标徽，赢得了更多人的支持。罗宾逊将 H. 拉浦·布朗——全国学生统一行动委员会主席卡迈克尔的继任者——描述为一个“感觉论者，危险的、不负责任的煽动者”，他的行为将会引起白人破坏黑人的进步，选举出更多像亚拉巴马州长乔治·华莱士这样的人。但是他的声音就像在荒野里呐喊一样，被激进分子的叫嚣声湮灭了。

叫嚣声最大的激进分子是马尔科姆·X，20 世纪 40 年代末他在监狱里时就开始崇拜罗宾逊。在罗宾逊的启发下，他自学成才并改信伊斯兰教，在 60 年代初成了黑人社区里有影响力的人物。罗宾逊承认马尔科姆在很多方面为背景有问题的黑人年轻人树立了很好的榜样，证明这些年轻人可以改变自己的命运，成为对社会进步有用的人才。但是，马尔科姆抨击罗宾逊是洛克菲勒的"家庭奴隶"，为了获得一份工作而利用这位州长。罗宾逊也进行了反击，批评他对杰出的拉尔夫·邦彻先生出言不逊，而且对肯尼迪被暗杀一事麻木不仁。1963 年 11 月发生这次暗杀之后，伊莱贾·穆罕穆德将马尔科姆从种族主义的伊斯兰国家中开除了，1964 年马尔科姆去麦加朝圣。种族和谐的经历使他反对分离主义者的黑色穆斯林，而信奉主流伊斯兰教。就如他在其著名的 1964 年自传中所写的那样，"我们都参与着相同的仪式，而我在美国的经历令我相信，白人和非白人之间的团结和友谊永不可能实现。"可悲的是，伊斯兰国家的拥护者在 1965 年 2 月将他枪杀了，而他留给世人的印象却不是一位先知的种族调解员，而是早期的黑人穆斯林分离主义者。在1935年到1970年之间，美国有三个人物可以称为完美的黑人。第一个是拳击手乔·路易斯：有影响力、爱国，但是没受过良好的教育，也不愿意自找麻烦。第二位是罗宾逊，敢于伸张正义，受过良好的教育，拒绝接受种族现状，但是愿意在体制下解决这个问题——小马丁·路德·金也是这样的人物。最后一位是马尔科姆·X，他通过慎重的激进主义来争取权利和反对不公正。尽管他本人随后否认了这个观点，但在黑人激进分子心中他永远是这个形象。

1967年初，罗宾逊与全国有色人种协进会发生争执并中断了联系。当66岁的罗伊·威尔金斯和保守党在全国选举中重新获得这个组织的主席职位时，罗宾逊抨击他是官僚独裁者，会阻碍充满朝气、精力旺盛和开拓创新的成员的发展，而后者是可以令协进会复兴的。为表示抗议，罗宾逊从委员会辞职了，但之后他又后悔这么做，他还是继续以各种形式为这个组织工作。他似乎患了格拉代尼戈综合征——一些黑人太激进，另一些又太保守，只有他恰到好处。这种自以为是的观点妨碍了他与各类积极分子之间的沟通。

罗宾逊非常敬佩马丁·路德·金的虔诚、勇敢、耐心和坚强，但即便如此，他依然和这位伟大的领袖有分歧。最重要的是，罗宾逊不像金那样相信非暴力。这个分歧在 1967 年春天爆发了。当时金宣称反对继续进行越南战争。他与本杰明·斯波克、哈里·贝拉方特一起加入到反战示威者春季大动员中，离他们游行地点的不远处，斯托克利·卡迈克尔和其他激进分子正举着越共的旗帜在进行游行。在《阿姆斯特丹新闻》专栏中，罗宾逊按照惯例给金写了一封公开信，在信中表示了敌人是如何的残暴血腥，和当约翰逊打算与他们和谈时被他们拒绝的官方言辞。这个专栏有点尴尬，因为是艾尔·达科特在写这个专栏，而且他是赞同金的观点的。金在回复这封公开信时，亲切地称罗宾逊为罗比，并给自己的观点作了解释。首先，作为一个信仰非暴力的虔诚者，他将战争看成无用的行为，而且会导致分歧加剧。其次，反战运动可以让政治活跃分子暂时远离民权运动，加入到最新的敏感事件中来。尽管罗宾逊和金都承认他们在这个问题上存在分歧，但是几年后，罗宾逊也开始认识到战争是无用了，并不再相信多米诺理论或西贡伪政权的优点了。然而，自那以后他理解了战争对他大儿子的影响。

就像蕾切尔回忆的那样，紧张的气氛毁掉了他们的家庭生活。因为家庭成员各过各的生活，从某种程度上讲，他们关系并不亲密。杰基和蕾有他们各自的朋友和同事圈，他们兴趣也不相同，因此必须通过努力才能保持亲密的家庭关系。当《生活杂志》刊登了一篇关于罗宾逊家人的文章之后，蕾切尔就对一个同事否认她是“杰基·罗宾逊夫人”，希望以此建立她的个人认同感，而且他的三个孩子中至少有两个在他们生命中某个阶段否认他们的家庭关系。但是，罗宾逊天性积极开朗，依然迎难而上。即便在 1965 年，由于某种不明原因他的新闻专栏被停刊一年，他被禁声了，也没有人关注他的发言，但他依然保持积极的态度，就像他早期在道奇队中表现的那样，几次凭借顽强的意志力才生存下来。他依然忙于工作。他在 1964 年到 1966 年之间担任了男子联合教会的全国主席，他曾赞扬这个教会在种族融合上的观点新颖，之后就当选为主席。他还在 1964 年担任过纽约世界博览会的理事会成员。但是，尽管他态度积极，斯坦福德的高岭山村俱乐部（他经常以客人身份在里面参加活动）由于他肤色的原因拒绝了他加入的要求。罗宾逊两次想与比尔·赫金斯建立或者买一个完整的高尔夫球场，却总是因为附近居民的敌视和俱乐部老板的突然变卦而以失败告终。他早上4点30分就得起来去市高尔夫球场抢一个位置。但是他仍然保持着乐观积极的态度。

罗宾逊一生中最大的磨难是小杰基。他似乎一直在变得成熟并且按照他父母的要求去做事，但是似乎又常常退回到他优柔寡断的性格中。在1964年的春季，他终于获得了一般同等文凭（GED，即高中同等学历学位），并且参了军，他信誓旦旦地说这次参军可以将自己锻炼成一个守纪律的人，当时他才17岁，需要父母许可才能入伍。他被分配到罗宾逊服役过的基地——莱利堡，圣诞节回家时，他看起来的确更加成熟了，然而让罗宾逊失望的是，他将假期的大部分时间用在了聚会上。但是在第二年6月，这个脆弱的年轻人和其他很多相似的年轻人一样，被抛入到了贸然发动的无休止的越南战争的漩涡中。罗宾逊仍然将这次战争视作对共产主义的打击，但是小杰基的经历却及时使他父亲的这种热情冷却下来。1965年11月，小杰基所在的排遭到了伏击，他身旁的两位战友牺牲了，而且他也受了伤，这为他赢得了一枚紫星勋章。1967 年 3 月小罗宾逊退役回国。

当他在军队服役时，他的女朋友彭妮·潘基，为他生了一个女孩，取名叫桑娅。这次婚外孕对保守的杰基和蕾切尔夫妇无疑是一次严重的打击，而且小杰基还说在他的思想变稳定之前，他还不准备结婚。罗宾逊夫妇有了第一个孙女，但是在这种情况下，他们不能安排传统的宴会进行庆祝。更令人不安的是，小杰基说他想回到他退役的科罗拉多州，需要在那里解决一些事情。在一场看似坦白的谈话中，小杰基向他父母承认自己吸食大麻，但是否认这种行为会引起他吸食更烈性的毒品。他说了个精心编制的谎言，然而蕾切尔记得他回来时"无精打采，身体和心灵都受了伤，愤世嫉俗而且惶惶不安"，原来他确实染上了毒瘾。这件事为动荡不安、祸事不断的 1968 年埋下了伏笔。

第十二章

最后的欢呼

仅仅在1968年初的三个月里，罗宾逊就经历了五次严重的个人和政治灾难，如果这些事发生在意志薄弱的人身上，可能早已被击垮了。在这些事发生以前，罗宾逊进行了一次商业投资。1968年1月4日，为了促进他的鱼餐厅的发展，他入股海洋餐厅——这是一个发展迅速的快餐专卖店。实际上，他是在出租自己的名字供别人用于商业目的，这是他以前一直反感的——只是为了获得相当于他在Chock Full o'Nuts公司赚得的那小部分钱。但他与该公司的亚洲的和亚美的领导层相处得并不融洽，在消除种族隔离方面的见解也不一致，这就促使他改为比尔·布莱克工作。和他往常的商业经营一样，这次他又失败了。该公司在1970年11月宣告破产。

1968 年 3 月 4 日，当记者要求他对他儿子贩毒并与斯坦福德警察发生枪战的新闻发表意见时，罗宾逊一连串的灾难才刚刚开始。当时罗宾逊惊呆了，设法避开了这些提问者，后来他知道蕾切尔已经将那个误入歧途的孩子安排到她工作的纽黑文医院进行治疗。大概因为他父亲是明星，警察将年轻的杰基当作了老兵和首犯进行处理。不久之后，小杰基设法结束了治疗（这件事让罗宾逊知道瘾君子们为了逃脱治疗，会编造很多天衣无缝的谎言），后来又旧病复发。面临着进监狱或者接受更严厉的治疗这两种选择，小杰基进入了戴托普——一个位于康涅狄格州，由成功戒毒者运营的治疗中心。戴托普的员工坚持让病人彻底断掉毒品，并且采取严厉措施防止病人脱离他们的治疗程序。然而，治疗还是中断了。小杰基 8 月在家休假时，查房警察在一家旅馆内发现旧病复发的小杰基正与一位纽约女孩进行性交易。当时小杰基向警察挥舞手枪，差点被警察击毙。再回到戴托普后，他终于战胜了毒瘾。1969 年春季，他的导师肯尼·威廉斯宣布他完全康复，小杰基也选择了一条最安全的远离毒品的道路——他加入了戴托普，并且帮助其他问题青年戒毒。

为了庆祝小杰基迷途知返，罗宾逊为戴托普员工举办了盛大的宴会。当宴会在下午成功结束后，小杰基是最后一个离开的。他与父亲击掌，还给他一个热情的拥抱，在他去越南时，还曾拒绝行这个礼。罗宾逊情难自已，喜极而泣道："我儿子回来了。"

但是这之后的一年却并不顺利。在小杰基第一次被捕一个月之后，詹姆斯·厄尔·雷在孟菲斯的洛林汽车旅馆枪杀了马丁·路德·金。这次暗杀令举国震惊，基于道德关怀，罗宾逊发表演讲对这位黑人领袖进行了哀悼。在随后的《阿姆斯特丹新闻》专栏中，他称马丁·路德·金是"20世纪最伟大的领袖"。但是，罗宾逊坚持了他一贯的风格，即不在绝望中消沉。

第三次灾难是关于莎伦的，这个模范小孩已长成一个有点叛逆的少女，她试图通过做一些父母反对的事情来建立自我认同。当时她18岁，处于性活跃期。她宣布了同麦克·威廉斯结婚的计划。背着她的父母，威廉时常虐待她。罗宾逊夫妇本能地反对这场婚姻，因为他们认为这对小夫妻还不够成熟，无法处理微妙的家庭关系。但是，莎伦的坚持让他们最终同意了。4月27日罗宾逊将女儿嫁给威廉。但是威廉不久又开始了他的虐待行为。结婚一年后，莎伦意识到她的错误，就决定与威廉离婚。但是离婚两个月后，她又订婚了，这次是嫁给一个叫做乔·米切尔的黑人激进分子。莎伦又一次无视她父母的恳求(蕾切尔认为他们最好婚前先同居一段时间，但是罗宾逊却认为婚姻至少能够让他们的性行为合法化)。1969 年的平安夜，他们结婚了。但是当莎伦在霍华德大学完成她的护士学位后(在那里她没有向任何人提及她有名的父亲)，第二任丈夫离开了她。后来莎伦成了一名受人尊敬的助产士和护理指导员，但是仍然不善于处理婚姻情感。1976 年她结识了罗伯特·西姆斯，并且为他生了个儿子，名字叫杰西，但是这次婚姻也未能长久。20 世纪 90 年代中期，她又嫁给了摩尔·菲尔福，继续追寻她父母的那种理想的婚姻。

5 月 21 日第四个灾难发生了。78 岁的玛丽·罗宾逊在帕萨迪纳修整花园时，昏倒了。罗宾逊坐飞机还未赶到，她就去世了。他不得不面对失去她的痛苦。这位母亲对他性格塑造方面的影响，超过了其他任何人。她给他灌输了一种做错事后的罪恶感和耻辱感，以及责任感。她甚至基于基督徒虔诚的道德信仰，鼓励他将这个世界变得更美好。尽管他勉强赶上她的葬礼，看她最后一眼，但是她母亲安详平静的脸庞让他得到一丝慰藉。他反省了他曾经对母亲总是对需要帮助的人慷慨解囊的行为表示不满的态度，并且断定她并没有受到欺骗——“她心如明镜”，甚至“她至死还在教我如何做人”。

最后一次打击发生在6月4日的洛杉矶。当一群人兴高采烈地为罗伯特·肯尼迪在加利福尼亚初选中胜过尤金·麦卡锡而庆祝时，肯尼迪被暗杀了。他成为第四个倒下的调解人。他的哥哥约翰·肯尼迪——最后也投身于民权事业——于1963年被暗杀；另一名调解人马尔科姆·X于1965年也被极端分子杀害。尽管罗宾逊以前不是罗伯特·肯尼迪的忠实支持者，但是后来却越来越敬佩他。这位年轻人不仅有心致力于实现社会公平，而且还有能力在政治上实现种族和睦，而不会加剧种族分裂。然而，1968年的总统选举仍得继续进行。尼克松强势的竞选表现使他成为共和党头号候选人，迫使洛克菲勒从竞选中退出。令罗宾逊失望的是，尼克松奉行与戈德华特相似的南方政策，并且拉拢马里兰州州长斯皮罗·阿格纽作自己的竞选伙伴。罗宾逊的耐心消耗殆尽。8 月 11 日，他与洛克菲勒一起辞职，开始替休伯特·汉弗莱工作，汉弗莱曾经在芝加哥一场引起巨大分歧的会议中获得了民主党提名。罗宾逊全力帮助汉弗莱竞选，但是自由民主党还是以百分之一的差距惜败尼克松，乔治·华莱士作为无党派候选人获得 13%的选票。黑暗势力已经控制了局面。由于在白宫中没有可联系的政治家，罗宾逊的政治影响力消失殆尽。罗宾逊认为，尽管共和党人实现了统一，但付出的代价却是把黑人挤出了政坛。

尽管海洋餐厅垮掉了，但对罗宾逊家庭来说，1970 年还算愉快的一年。小杰基戒毒成功，并且把与戴托普一起进行各种公开演讲作为他的工作，他和父亲的关系也比以往任何时候都亲密。莎伦参加了霍华德大学的护理课程，同另一名男子结婚，而且与令她伤心的前夫相比，他父母更加认同这名男子。这个家庭升起的新星——戴维，在高中毕业后的秋天去斯坦福继续深造。除了这些个人的进步之外，最令人满意的是罗宾逊开始了一项实业。即使罗宾逊去世，这项实业也会让这个家庭持续受益。罗宾逊认为住房是黑人最迫切的需求，他认为回家之后能住在一个舒适的家里是理想生活的基础。三个白人拿出5万美元建立了杰基·罗宾逊建筑公司(JRCC)。罗宾逊为它设定了两个基本目标：盈利和施惠于黑人。这个公司计划建造适合中低收入人群的住房，并且对建筑工程所在的社区居民给予补贴。1971年，建筑公司在扬克斯开始建造一个拥有197个单元的住宅区——惠特尼青年庄园。1972年一座投资达1 700万美元的公寓楼在布鲁克林的贝德福德—施托伊弗桑特区破土动工，这个工程以40年抵押借款的方式从纽约国家城市发展公司吸收公众资金。

但是，罗宾逊恶化的健康状况给他欢乐的时光蒙上了阴影。1970年，他的医生通知他只剩下两到三年的生命，而当蕾切尔知道他快要死去时，为了面对这件事她甚至接受了心理治疗。戴维前往斯坦福之后，他们的房子就空了下来，罗宾逊每天都要去位于新泽西州恩格尔伍德克利夫斯的公司总部，蕾切尔则独自过着空巢生活，并且试图接受不久将孑然一人的现实。同时，罗宾逊也不愿提及现实——他不想让健康问题影响他热情奔放的个性。他出乎意料地为蕾切尔买了一辆小型运动款梅塞德斯奔驰280SL敞篷轿车，作为结婚25周年的礼物。

小杰基则越来越让这个家庭骄傲。1970年10月，他在康涅狄格的托马斯·多德主持的调查青少年犯罪案件的参议院调查委员会面前作证，悲痛地陈述了他吸毒的经历，指出越南战争尤其加剧了他的吸毒行为，而且制造了一代临时吸毒者。他认为军队极大地忽视了吸毒问题，军队似乎并不关心他们的健康，只要求他们去打仗。在此之后第二个月，他从戴托普正式“毕业”，宣告戒毒成功。杰基在为这个机构工作时变得意气风发，作为回报，他父母计划在1971举办“午后爵士乐”宴会，并将所得收入捐献给戴托普作为颇有价值的药物方案的资金。小杰基乐此不疲地组织音乐家，为这个6月底的宴会做准备。

然后悲剧发生了。凌晨两点，小杰基和戴维在纽约完成招聘音乐家的事情后，戴维开车送小杰基回家，车速很快，小杰基在车上睡着了。后来车子撞上了一个桥墩，打滑失控而撞得面目全非，这个浪荡子的脖子被扭断了，去世时年仅24岁。戴维不得不负责处理这一切，因为罗宾逊无法忍受辨认他的尸体，于是他和莎伦开车去曼荷莲女子学院——蕾切尔正在那里参加一个会议，告诉蕾这个噩耗。这次事故摧毁了罗宾逊，但是他的信仰给了他安慰——他相信上帝这样安排自有原因。但是任何人都无法让蕾切尔镇定下来，她歇斯底里地尖叫和哭泣，不理会罗宾逊对她的劝慰，直到最后戴维上前安慰才让她的心情平复下来。在布鲁克林安提俄克浸礼会的泽莱·伊萨姆的教堂里，1 500 多人参加了小杰基的葬礼，戴维在仪式的高潮朗读了自己写的悼词。之后第六天的下午，罗宾逊坚强的意志令爵士乐宴会如期举办，这次宴会为戴托普机构募集了 4 万美元的资金。

小杰基的突然离世，成为 25 年来最考验罗宾逊家庭关系的事。戴维从斯坦福退学，去了欧洲和非洲，之后回家专门照顾他身体状态愈加恶化的父亲，因为罗宾逊的视力下降了，他开车不安全，戴维就当了他的司机。罗宾逊开始常常责备蕾切尔为了工作不吃有益健康的早餐，并且常常在六点之后才下班回家。由于失去了小杰基，蕾切尔伤心欲绝，加之对罗宾逊唠叨的憎恶，她退入到自己的世界，把丈夫晾在了一边。某个深夜，莎伦发现她那在公众面前无比坚强的父亲独自一人在起居室里悲伤地啜泣——因为失去了母亲和孩子，而且现在似乎还要失去妻子。莎伦震惊极了，她找到了蕾切尔（告诉她这件事）。蕾切尔从自我封闭中走了出来，她要去安慰她的丈夫；终于，情况开始好转了。

当然，仍有一些美好的时光是值得回忆的。1971年圣诞节之后，罗宾逊一家四口和几个朋友在牙买加度假，在那里发生了两件出人意料的事。第一件事是，罗宾逊的医生给他开了每晚服用的医用酒精饮料，伏特加酒和橙汁的混合物，罗宾逊像喝味道极差的止咳糖浆一样喝了一口，并且做了一个鬼脸。他的第二个搞怪行为发生在沙滩上。当时大家都在晒太阳，令大家惊讶的是，他突然跳起来大步踏入水中，同时把戴维拉到他身边扶住他。他从来没有学过游泳，也非常讨厌冷水，但此时却一直往前走，直到水淹没了他的腰部才停下，宣布他伟大的冒险结束了。这个家庭又有了一些新的永恒记忆。

同时，一个新投入改革运动的黑人棒球运动员（我们在第九章讨论过他在1956年的初次登场）发起了一场棒球革命。1970年，柯特·弗勒德就保留条款起诉棒球机构，此条款是自1880年开始施行的标准棒球运动合同遗留的弊端，它将棒球运动员绑定到其第一次签约的球队上，这样做实际上使其成了球队的资产。当圣路易斯红人队将弗勒德交易给费城人队时，他拒绝过去。球员工会主席马文·米勒给罗宾逊打了个电话，要他过去作证，罗宾逊欣然前往。他辩论道，“在美国所有一厢情愿的事情都是错误的”，球员的命运应该由他们自己掌握。尽管弗勒德输掉了这场官司，但是1976年仲裁人废除了这个条款，这样雇主们在自由市场交易球员时就受到了一些合理的限制，这也使得球员的工资暴涨。杰基·罗宾逊又一次挑战了棒球机构及其陈规旧例。

1971年12月，《运动杂志》为了庆祝其成立25周年，在纽约的里昂妈妈饭店举办了一次宴会，并聚集了25年以来最顶级的运动员。在这个明星阵容中，有阿诺德·帕尔默、比尔·拉塞尔、洛奇·玛西亚洛、盖尔·塞耶斯、罗德·拉弗、高迪·豪和约翰尼·尤尼塔斯。《运动杂志》颁给罗宾逊“25周年最佳球员奖”。罗宾逊感谢了他的母亲、布兰奇·里基和蕾切尔，然后当比尔·罗素热情拥抱罗宾逊并称赞他是模范代表时，罗宾逊泪洒现场。在这不久前，罗素被任命为美国职业篮球协会(NBA)的第一位黑人主教练，这令罗宾逊很高兴。

但是棒球界的情况如何呢？棒球界在雇佣黑人当教练或经理方面进展缓慢，1972 年罗宾逊有两次重申该问题的机会。第一次是他接受皮特·奥马利的邀请参加洛杉矶道奇体育场的怀旧日庆典，庆祝棒球界突破肤色障碍 25 周年。道奇队收回了罗宾逊的 42 号球衣以及坎帕内拉和桑迪·科法克斯的号码。年轻的奥马利说先驱者本应该会成为一个好的教练时，罗宾逊印象深刻。道奇队的老板在罗宾逊退役时只有 22 岁，不能够理解他父亲为什么将罗宾逊退役这件事上处理得这么糟糕。在一个论坛上，罗宾逊预见当前的道奇队中有三个黑人会成为很好的教练：吉姆·吉列姆，莫里·威尔斯和弗兰克·罗宾逊。事实上后面两个人做到了，1975 年罗宾逊掌舵克利夫兰印第安人队，成了大联盟的第一个黑人教练，1980 年和 1981 年威尔斯带领西雅图队时取得了一些小成绩。他们实际上跨越了肤色障碍。

在罗宾逊的老队友乔·布莱克的说服下，理事长鲍伊·库恩邀请罗宾逊在 1972 年的世界职业棒球大赛的第二项比赛中投出仪式性的第一球。10 月 15 日，在奥克兰—辛辛那提比赛开始之前，他完成了这个任务，并且收到了一个纪念他以往成绩的奖章。专栏作家迪克·扬惊奇地发现，当前选手中只有布卢·穆思·奥多姆对这种历史成绩感兴趣。但是，罗宾逊不失时机地说："没有黑人教练，他高兴不了。"8月拍全家福时，罗宾逊说这次照相是他"最后的欢呼"；实际上，他在世界职业棒球大赛上的演讲与这个名称更相配。

罗宾逊的健康状况也越来越糟糕。1968年和1970年他经历过心脏病发作，1970年他的糖尿病变得更严重，血压和血糖都很高，几乎完全失明，不能够读书，他的医生告诉他必须避免腿中形成坏疽，这些坏疽会阻碍血液循环，如果发生的话他们将不得不替他截肢。但是罗宾逊继续努力工作，他与蕾切尔没有谈及他的健康问题。反之，她在读他的书籍《我从未实现过的理想》，这是他最后的自传，在阿尔·达克特的帮助下撰写而成。

1972年10月23日晚上，罗宾逊的双眼充血，这表示又有一根血管断裂了。他给医生打电话，预约第二天一大早去看病。当蕾切尔准备早餐时，罗宾逊在穿衣服的过程中停止，冲到楼下大厅蕾的身边。她回忆道："他用他的双臂环抱着我，说'我爱你'，然后就晕倒了。"是心脏病再次发作使他晕倒的，他死在了去医院的救护车里。

10月29日，有2 500多人聚集在河边教堂，另外有几百人在教堂外边悼念他，普通人也都向这位逝去的英雄致敬。比尔·拉塞尔、唐·纽科姆、乔·布莱克、吉姆·吉列姆、皮·维·里斯和拉尔夫·布兰卡一起主动组成了护柩队，这些护柩者，包括洛克菲勒，还带来了20多位著名的客人。怀亚特·沃克宣读了一篇颂词，但是主颂词是由年轻的牧师杰西·杰克逊宣读的，罗宾逊曾经称杰克逊最能代表年轻一代的希望。莎伦尤其坚持让杰克逊宣读。她父亲曾经做过杰克逊成立的组织——"拯救人类同盟会"(PUSH)的名誉副主席，也曾经是"操作粮仓"的董事。杰克逊数次唤醒众人重拾责任感，强调杰基·罗宾逊对他的人生影响巨大。唤起冈纳·缪尔达尔共鸣的是，杰克逊强调这种过程并不一定会发生——只有崇高的人和独特的个性才能改变事物。我们有机会使事情变得更好或更糟，罗宾逊已经走过这条崇高之路，并且把世界变得更美好。仪式结束后，罗宾逊被埋在了柏树山公墓里他儿子的身旁，这里距离被拆毁的布鲁克林埃贝茨球场仅几个街区。

蕾切尔从耶鲁大学辞职了，接管了杰基·罗宾逊建筑公司。公司重组之后，她开始继续执行公司的建筑计划。1973 年她还协助建立了杰基·罗宾逊基金会，这个组织每年向 30 名穷困和少数种族儿童提供大学奖学金，在过去 20 年中，这些孩子出色地实现了 92%的毕业率。她于 1986 年卖掉了斯坦福德的房子，搬到位于纽约北部的一个 60 英亩的农场，从农场到纽约只需要两三个小时。莎伦则在继续做助产士工作的同时，为拯救人类同盟会服务了五年。戴维做了几年开发黑人住宅区的工作，然后在 80 年代搬到了坦桑尼亚，他是在 1971 年旅行时爱上这个国家的。

杰基·罗宾逊留给后代的不只是以留下的财产来衡量人生的标准。在《我从未实现过的理想》的篇末，他写道，“除非一个人能对别人产生影响，否则他的人生就不重要。”以这个标准来衡量，他的生命是非常有意义的。

从最小的方面来看，他的性格是他母亲塑造的，而且他和蕾切尔的婚姻也很美满。25 年来，他们俩相互扶持，并且塑造了一个别人竞相模仿的婚姻。他回忆道："我们彼此尊敬和爱慕对方……我们从未做过违背婚约的事""我们相互依赖。"但是，尽管他们的孩子在改善别人的生活上面作出了重大贡献，而且遵守了罗宾逊的教导，要把这个世界变得更好，然而他们的私生活却令他们规矩正直的父母很失望。毒品、婚前性行为、私生子、离婚、多次婚姻——这些行为无法与他们父母树立的模范榜样相提并论。当小杰基因为毒品交易第一次被捕时，罗宾逊曾经悲伤地说，与自己的孩子相比，他似乎花了更多的时间去帮助别人的孩子。

罗宾逊对棒球界的影响是最受广泛称赞的。通过加入职业棒球大联盟，他为黑人联盟鸣响了丧钟。在他初次登场后，黑人联盟的上场数量和质量出人意料地下滑了；1948 年以后，黑人联盟就再不能与大联盟相提并论了，而 1960 以后，他们实质上就已经消失了。但是他们的精神却传递给了大联盟。而且，复杂的棒球运动也进入了一个新时代，由死球时代和弹性球时代进入到了一个基于力量与速度的攻击更平衡的新时代。尽管黑人进入棒球领域领导层的速度缓慢(这使罗宾逊大为苦恼),但是1968年到1984年间,蒙特·欧文成功坐上了公共关系助理主任的职位,并且被提拔为理事会成员。欧文这样说道:“在使美国朝正确的方向前进方面,棒球要比所有那些满嘴陈腔滥调的职业爱国者作出的贡献更多。棒球证明那是可以实现的。”

但是,在某种意义上这些胜利只是昙花一现。在20世纪60年代末,大联盟中大约有25%的球员是非裔美国人。80年代和90年代,这个比例下降为16%左右。而到了2007年,这个比例仅为7%。对此有一种解释是,雇主们发现拉丁美洲棒球员,其中很多是黑人,要比美国人更穷困和绝望。另一种更靠谱的解释是,尽管罗宾逊曾经基于强烈的道德感树立了一种无所不能的姿态,但是今天的黑人年轻人似乎更加崇拜美国职业篮球联赛和美国橄榄球联盟中更为反社会的“模范代表”。很明显,动作激烈的篮球和橄榄球比赛更能吸引后罗宾逊时代黑人的关注。今天,只有十四分之一的棒球球迷是黑人,而且随着黑人家庭的破裂,黑人社区中对棒球的热爱很难从父辈传给下一代。然而，从事棒球职业的机会只会留给那些热爱它的人。

1972年25周年庆典时，令罗宾逊倍感自豪的是，道奇收回了他的42号球衣，这意味着之后的道奇人将不能穿这个号码的球衣。如果他提前知道在取得突破之后的50周年纪念日上发生的事，他会更加受宠若惊的。棒球大联盟将他的号码从所有的球队中收回，这种荣誉是前所未有的，但是由于周年庆典太喧哗，他还是被从他那里获得好处的人遗忘了。然而在某种意义上遗忘意味着任务完成。《多伦多每日之星》在罗宾逊退休时如此评价他，"当他在历史书中仅剩下一个名字时，那才是他最大的荣誉，因为杰基·罗宾逊和其他跟他一样著名的人已经完成了他们的使命，未来人们会忘记这个社会曾经需要杰基·罗宾逊。"

罗宾逊虽然对他的成就很自豪(《每日之星》说，他值得这样骄傲)，但一直清楚是谁让这一切成为可能。"这是里基先生导演的戏剧……我只是一个主演而已。"然而，道奇队的总经理曾经看到上帝和罗宾逊一起在里基先生的队伍里担任着关键角色。"当然，我在挑选杰基时，上帝已经和我在一起，我不认为有黑人，或其他种族的队员能够取得罗宾逊前两三年的成就。

他完全明白他肩负的责任……而且在面对逆境时知道如何把控自己。最重要的是，他有男孩们声称的‘勇气’，真正的‘勇气’。”

在棒球之外，罗宾逊给整个社会留下了不可磨灭的影响。冈纳·缪尔达尔曾经在他的1994年著名研究中说道，消除美国的种族隔离和解决美国困境的关键是克服白人的傲慢和冷漠。罗宾逊一直在公开揭露种族隔离的罪恶。就像20世纪50年代晚期和60年代早期电视机让民权斗争激烈化一样，罗宾逊的远见则使1947年的斗争公开化。30年代的田径明星杰西·欧文斯，拳击明星乔·路易斯和歌星玛丽安·安德森所取得的进步仍局限在美国人的主流生活之外。但是棒球才是中心——没有任何东西能够比棒球与美国人的生活联系更紧密。漫长赛季的每一天，罗宾逊的言辞都被最高法院的法官们、杜鲁门总统、布尔·康纳和无数其他美国人关注着。为罗宾逊欢呼的人们虽然不会在学校种族隔离和开放住房上面表明立场，但是却正在摒弃各种偏见，这为接下来在这种争端上采取更加鲜明的态度作好了铺垫。罗宾逊的子孙骄傲地将他追忆为一名社会工程师。

罗宾逊引发了体育界的革命。除了美国职业篮球联赛和美国橄榄球联盟中的黑人运动员越来越多之外，他们还加入大学运动员计划并最终迫使南方大学招聘黑人运动员，而且帮助南方大学立法废除了引起不同种族之间竞争的法律。运动为黑人改变命运提供了机会，但是真正受益的却只有极少数追寻运动梦想的人。然而，罗宾逊的影响远不止在运动场上——罗宾逊与蕾切尔的故事和照片、他们在种族融合社区的生活以及他们的孩子在种族融合学校上学，在这个国家里从幻想变成了现实。

罗宾逊积极的态度赢得了国民的支持。最重要的是，他相信人类、人民的团结以及自由社会的美好，而且这些信念也激励着人们去实现他的理想。他战斗，他辩论，抗议社会的不完美，但这并不能让这种斗争轻易地坚持下去。就像莱斯特·罗德尼说的那样："他的名言并不是'天呐，我们做到了'，而是'兄弟，我们的任务还没完成呢！'"他终其一生都在为改善黑人的经济环境而努力，这与马丁·路德·金不谋而合，后者在他的晚年也致力于同样的事情，甚至还称赞罗宾逊将他的工作变得"更简单"了。与金一样，罗宾逊也是内外兼修，“虽然尊崇白人政府的权威，但是他的出现却似乎要破坏这种权威；虽然信仰民主思想，但他的出现和对权威人士的反应却揭露了美国人距离民主还很遥远的现实”——他们还远不能够解决美国困境。罗宾逊希望所有人都能和睦相处，希望治愈不同种族、阶级、政党，以及长辈与晚辈之间的伤痕，今天这种信念对我们依旧有很大的影响。继 1995 年霍夫斯拉特大学纪念棒球界巨星贝比·鲁思的庆典之后，长岛大学举办了纪念杰基·罗宾逊取得突破十五周年的庆典。其中一位主持人准确地描述了他俩各自取得的成就，“鲁斯改变了比赛，罗宾逊却改变了美国。”

资料来源

描写美国黑人的经历的作品始于约翰·霍普·富兰克林的经典《从奴隶制到自由:非裔美国人历史》,这本书于1947年出版,至今已出到第八版并增加了一位第二作者艾尔弗雷德·A.摩斯。冈纳·缪尔达尔的《美国困境:黑人问题与现代民主》(1944)为杰基·罗宾逊在棒球事业上的突破作好了铺垫,因其摆明了美国的自由、平等的理想与种族偏见、隔离的残酷现实之间的断裂。C.范·伍德沃德的《黑人的奇异生平》(1957)则为隔离体系的可塑性谱写了一部乐观的历史,这本书写于罗宾逊结束职业生涯、民权运动开始呈现上升势头之时。迈克尔·詹姆斯在《美德的阴谋:1875—2000年间两个美国城市的公民权利及社区奋斗》(2005)中将帕萨迪纳与弗吉尼亚州的夏洛茨维尔进行了全面的学术性的比较,展现了为何罗宾逊在他的家乡因种族政治而感到受挫。

很多调查都揭示了棒球的历史，而有三本书可以为罗宾逊在道奇队的经历提供背景信息。罗杰·卡恩写的《夏日男孩》(1971)讲述了20世纪50年代的布鲁克林·道奇队以及经历过辉煌的日子后他们成了什么样，这本书至今仍是有关棒球的最受欢迎的书籍。卡恩又以《时代，1947—1957：当扬基队、巨人队、道奇队统治了世界》(1993)再作补充，怀旧地回顾了罗宾逊时期纽约一统棒球天下的岁月。多丽丝·卡恩斯·古德温的回忆录《等到下一年》(1997)与上述作品相辅相成，这是出自一个专业的历史学家的有吸引力、有见地的作品，讲述了20世纪50年代在布鲁克林成为道奇球迷的故事。

同时涉及棒球和黑人经历的书籍也不断涌现。几十年来，罗伯特·彼得森的《只有球是白色的》(1970)独占鳌头。这是一部黑人联盟的历史，包括球员、官员名录，东西部全明星赛的球员得分记录表。相较罗伯特的作品，尼尔·兰克托特所著《黑人棒球联盟：一个黑人组织的崛起和破落》(2004)更胜一筹，这本书经过仔细地研究，更为翔实、客观，是学术性的记载。在《不均衡的球场：非裔美国人体育史记录》(2003)中，大卫·K.威金斯和帕特里克·B.米勒收集了一些当代最出色的体育文章，包括杰拉尔德·厄尔利所写的罗宾逊和马丁·路德·金的相似之处。与棒球更相关的是由比尔·科文编辑的《走出阴影：从古巴巨人队到杰基·罗宾逊的非裔美国棒球》(2005)，这本书收录了各种类型的文章，其中三篇文章讲述了罗宾逊的经历带来的影响。关于黑人联盟最基本的参考书是詹姆斯·A.莱利的《黑人棒球联盟的传记百科全书》(1994)，其中有很多关于谁是谁的文章，将黑人棒球运动的零碎信息整理了出来。虽然提供了一些数据，这本书还是反映了黑人联盟的随意记录，因此没有涵盖可以获得的其他几个主要联盟的同类数据。还有另外两本书提供了对某些未以队员肤色来划分的球队的细致的观察。布拉德·斯奈德的《走出参议员的阴影：霍姆斯蒂德·古雷斯未说的故事与棒球的融合》(2003)讲述了黑人棒球运动史上最知名的球队，并有巴克·莱昂纳德、坎·波西、萨姆·莱西这样的大人物引人关注。霍华德·布赖恩特的《拒之门外：波士顿的种族与棒球的故事》(2002)详述了在传说中的北方自由之城发生的与种族主义者汤姆·约基的斗争,他经营的红袜队成为最后一个种族融合的大联盟球队。1945 年罗宾逊在红袜队的选拔赛受到了重点考察。巴克·奥尼尔的《我刚好赶上》(1996)是黑人联盟的明星所写的一部乐观的自传,他因肯·伯恩斯的棒球电视纪录片而出名。他的第一人称叙述以个人化的方式讲述了在罗宾逊之前黑人球员所遭受的被列入第二等级的经历。

关于罗宾逊的传奇中的球员或由他们所著的书中有四本值得一提。默里·博尔纳根据国会图书馆新近公开的里基的档案写了《布兰奇·里基:一部传记》(1982),这本书在 2007 年出版了一个修订版。李·洛温菲什写了《布兰奇·里基:棒球界的凶恶绅士》(2007),这是对棒球界伟大实验背后的驱动力的最全面、最经推敲、写得最棒的记述。约翰·C. 切尔伯格写了《里基和罗宾逊:传道者、球员和美国的比赛》,这本书根据第二手资料写成,但难能可贵的是在具有开创性的事件中交织记述了两位重要的球员。在《好小子终于完成了》(1975)中,利奥·迪罗谢献出了他的回忆,包括虽有所美化但仍有用的关于 1947 年失败的球员在巴拿马暴动的叙述。

罗宾逊家族也写过不少有关他的经历和遗产的作品。温德尔·史密斯与这位大明星合作写了《我自己的故事》(1948)，其传记工作的开头不能令人满意。退休后，罗宾逊与卡尔·罗恩合作，写了其中最好的一部，《等到下一年：杰基·罗宾逊的故事》(1960)。这本书以第三人称记述，缺少索引，尽管蕾切尔对他们私人生活的细节闭口不提，这使其仍不能完全让人满意，但是书中对罗宾逊的功绩作了更为成熟的评判。就在去世之前，罗宾逊和阿尔·达克特共同写了《我从未实现过的理想》(1972)。这本书聚焦于20世纪60年代以后，深入刻画了洛克菲勒、尼克松、马尔科姆·X和马丁·路德·金的形象，并分享了一些对罗宾逊的宗教信念的反思。在《棒球做到了》(1964)中，罗宾逊对棒球事业以及整个社会中的黑人进步(以及不足)的方面作了一份口述历史。这本书指出，不论白人还是黑人球员都和罗宾逊分享想法，如果棒球领域能够作到融合，那么全社会都可以。《民权法案》通过的同年这本书出版，正好借其支持书中的论题。《杰基·罗宾逊：私密的一面》(1996)一书里，蕾切尔·罗宾逊和李·丹尼尔斯汇编了一系列惊人的照片和文本，涉及罗宾逊方方面面的生活。这是一份有关蕾切尔的丈夫的奋斗、痛苦、胜利、喜悦的正面的、深刻的叙述，选在罗宾逊冲破棒球界种族障碍的十五周年纪念之际发表以向其致敬。同年，罗宾逊的女儿莎伦写了《偷家》(1996)。这本书反映了年轻一代的开放，作为罗宾逊家庭一员的她对生活的叙述包括了性经历和关系的细节，并坦率地讲述了身为名人女儿的利与弊。

罗宾逊的传记包括亚瑟·曼恩的《杰基·罗宾逊的故事》(1950)，这是一部局内人的记述，由里基的高级助手所著，面向青少年读者。在《伟大的时代来临：杰基·罗宾逊的一生，从棒球到伯明翰》(1995)中，戴维·福克纳着力于讲述现实中罗宾逊完成和未能完成的事情。尽管没能获得蕾切尔的支持和见解，福克纳还是对罗宾逊的历史角色作出了充满激情、思想深刻、具有批判性的评判。阿诺德·兰佩萨德的《杰基·罗宾逊：一部传记》(1997)是关于这个主题的权威传记。根据访谈、论文以及孜孜不倦的研究，兰佩萨德的书在表达对罗宾逊的敬佩之时也不乏批判性。这本书细节丰富、可读性强、富有洞察力，适于那些想要深度阅读的读者。另一部经典作品是朱尔斯·泰吉尔的佳作

《棒球的伟大实验：杰基·罗宾逊和他的遗产》(1983)，本书更多地描写了"生活和时世"的变化。它并未花很多笔墨讲述罗宾逊的遗产，而是深入观察造就罗宾逊传奇的广阔社会，将他的挑战和成功置于社会情景中，这一点比其他作品做得好。

泰吉尔也编辑过两卷书。《杰基·罗宾逊读物》将一系列由罗宾逊的朋友、记者以及其他观察家所写的有关他的故事汇集成册，此外还包括首度出版的从1946年8月27日起的质疑种族融合的文件，汇聚了几个主要联盟的所有者。《安全上垒：对杰基·罗宾逊、种族与棒球历史的反思》(2002)收集了13篇泰吉尔自己撰写的有关罗宾逊的文章，反映了学者的广泛兴趣。约瑟夫·多林森和约兰·沃蒙德将1997年长岛大学会议的会议记录编成《杰基·罗宾逊：种族、体育和美国梦》。这本书包含了球迷、历史学家、激进分子等人的见解。卡尔·福斯曼编辑了另一系列《杰基之后：傲慢、偏见和棒球界被遗忘的英雄，一段口述历史》(2007)。这本书是六十周年纪念的献礼，其特色是从长远的眼光对罗宾逊在棒球、政治和整个社会的遗产加以反思。最后，有两本书专门写过罗宾逊在职业大联盟的首次登场。克里斯·兰姆的《记忆缺失：杰基·罗宾逊首次春季训练未曾透露过的故事》(2006)，乔纳森·艾格的《开赛日：杰基·罗宾逊第一赛季的故事》(2007)，本书根据深入的访谈和其他研究很好地记述了 1947 年赛季。

随着棒球的历史日渐成为公认的学术探索的领域和时下有趣的话题，很可能将继续出现关于杰基·罗宾逊的研究和作品。他的重要性还将继续引起美国社会的共鸣。

附　录

杰基·罗宾逊棒球职业统计

表 1：Major League Record

年份	球队	联监	G	AB	R	H	2B	3B	HR	RBI	BB	SO	HBP	BA	OBP	SLG	OPS	SB	FA	Games at Position
1945	Kansas City	NAL	45				10	4	5					.345				15		2b
1946	Montreal	IL	123	444	113	155	25	8	3	66				.349				40		2b
1947	Brooklyn	NL	151	590	125	175	31	5	12	48	74	36	9	.297	.383	.427	.810	29	.989	1b151
1948	Brooklyn	NL	147	574	108	170	38	8	12	85	57	37	7	.296	.367	.453	.820	22	.980	2b116, 1b30, 3b6
1949	Brooklyn	NL*	156	593	122	203	38	12	16	124	86	27	8	.342	.432	.528	.960	37	.981	2b156
1950	Brooklyn	NL*	144	518	99	170	39	4	14	81	80	24	5	.328	.423	.500	.923	12	.986	2b144
1951	Brooklyn	NL*	153	548	106	185	33	7	19	88	79	27	9	.338	.429	.527	.954	25-8	.992	2b150
1952	Brooklyn	NL*	149	510	104	157	17	3	29	75	106	40	14	.308	.440	.465	.905	24-7	.974	2b146
1953	Brooklyn	NL*	136	484	109	159	34	7	12	95	74	30	7	.329	.425	.502	.927	17-4	.981	LF76, 3b44, 2b9, 1b6
1954	Brooklyn	NL*	124	386	62	120	22	4	15	59	63	20	7	.311	.413	.505	.918	7-3	1.000	LF73, 3b50, 2b4
1955	Brooklyn	NL	105	317	51	81	6	2	8	36	61	18	3	.256	.378	.363	.741	12-3	.966	3b84, LF10
1956	Brooklyn	NL	117	357	61	98	15	2	10	43	60	32	3	.275	.382	.412	.794	12-5	.967	3b72, 2b22, 1b9, LF2
Major	League Totals		1382	4877	947	1518	273	54	137	734	740	291	72	.311	.409	.474	.883	197-30	.983	2b748, 3b256, 1b197, LF162

Asterisk(*)：all-star
Bold numbers：led the league

表 2：World Series Record

年份	球队	联盟	G	AB	R	H	2B	3B	HR	RBI	BB	SO	BA	OBP	SIG	OPS	SB	Games at Position
1947	Brooklyn	NL	7	27	3	7	2	0	0	3	2	4	.259	.310	.333	.693	2	1b7
1949	Brooklyn	NL	5	16	2	3	1	0	0	2	4	2	.188	.350	.250	.600	0	2b5
1952	Brooklyn	NL	7	23	4	4	0	0	1	2	7	5	.174	.367	.304	.671	2	2b7
1953	Brooklyn	NL	6	25	3	8	2	0	0	2	1	0	.320	.346	.400	.746	1	LF6
1955	Brooklyn	NL	6	22	5	4	1	1	0	1	2	1	.182	.250	.313	.568	1	3b6
1956	Brooklyn	NL	7	24	5	6	1	0	1	2	5	2	.250	.374	.417	.796	0	3b7
World Series Totals			38	137	22	32	7	1	2	12	21	14	.234	.335	.343	.678	6	3b13，2b12，LF6，1b7

Abbreviations in Tables 1 *and* 2：

NAL：Negro American League　R：runs　RBI：runs batted in　OBP：on base percentage

IL：International League　H：hits　BB：bases on balls　SLG：slugging percentage

NL：National League　2B：doubles　SO：strike outs　OPS：on base plus slugging percentage

G：games　3B：triples　HBP：hit by pitch　SB/CS：stolen bases/caught stealing

AB：at bats　HR：home runs　BA：batting average　FA：fielding average

Authorized translation from the English language edition, entitled Jackie Robinson and the American Dilemma (LONGMAN AMERICAN BIOGRAPHY SERIES), 9780205598489 by Wilson, John R. M. published by Pearson Education, Inc., Copyright @2010.

上海市版权局著作权合同登记号　图字：09－2012－162

图书在版编目(CIP)数据

杰基·罗宾逊：美国困境/(美)威尔逊著；张艳玲，钱亚楠译. —上海：上海社会科学院出版社，2016

(美国传记)

书名原文：Jackie Robinson：the American Dilemma

ISBN 978-7-5520-0152-5

Ⅰ.①杰… Ⅱ.①威… ②张… ③钱… Ⅲ.①罗宾逊，J.(1919～1973)—传记 Ⅳ.①K837.125.47

中国版本图书馆 CIP 数据核字(2012)第 210605 号

杰基·罗宾逊：美国困境

著　　者：[美]约翰·R.M.威尔逊
责任编辑：黄诗韵
特约编辑：张　晶
封面设计：周清华
总 策 划：唐云松
出版发行：上海社会科学院出版社
上海顺昌路 622 号　邮编 200025
电话总机 021-63315900　销售热线 021-53063735
http://www.sassp.org.cn　E-mail:sassp@sass.org.cn
排　　版：南京展望文化发展有限公司
印　　刷：上海文艺大一印刷有限公司
开　　本：787×1092 毫米 1/32 开
印　　张：11
插　　页：5
字　　数：160 千字
版　　次：2016 年 8 月第 1 版　2016 年 8 月第 1 次印刷

ISBN 978-7-5520-0152-5/K·174　定价：48.00 元
